财富自由
从 0 到 1

可复制的多渠道财富增长

阿汝娜　周剑铨

著

WEALTH FREEDOM
ZERO
TO
ONE

电子工业出版社
Publishing House of Electronics Industry
北京·BEIJING

图书在版编目（ＣＩＰ）数据

财富自由从 0 到 1：可复制的多渠道财富增长 / 阿汝娜，周剑铨著.
— 北京：电子工业出版社，2021.4

ISBN 978-7-121-40867-0

Ⅰ.①财… Ⅱ.①阿…②周… Ⅲ.①投资管理－青年读物 Ⅳ.① F830.593-49

中国版本图书馆 CIP 数据核字（2021）第 056984 号

责任编辑：张振宇

印　　刷：三河市良远印务有限公司
装　　订：三河市良远印务有限公司
出版发行：电子工业出版社
　　　　　北京市海淀区万寿路 173 信箱　　　邮编：100036
开　　本：880×1230　1/32　　印张：8.625　　字数：220 千字
版　　次：2021 年 4 月第 1 版
印　　次：2021 年 5 月第 4 次印刷
定　　价：68.00 元

序一： 心有凌云志　无商不可攀

朱大鸣

（中国资深财经评论人、企业家、专栏作家，著有《走向——后奥运时代的中国经济》《现在，你该买房吗？》）

在微信视频号里，我最早就关注了一对讲财经的年轻夫妻——香港金融侠侣，后来他俩也成了我的好朋友。他们深厚的教育背景和丰富的职业履历让我非常推崇。

周剑铨、阿汝娜夫妻二人做了视频号以后，2020年他们又携手创办阿汝娜商学院。他们二人琴瑟和鸣，鹣鲽情深，也是一对很让人羡慕的青年模范夫妻。在这本书中，夫妻二人现身说法，将自己丰富的人生经历、宝贵的经验和感悟毫无保留地分享给大家，以飨读者。

本书条理清晰，逻辑通顺。先后从道、法、术、器和势等五个维度阐释成功的秘诀，教你如何开启并实现人生财富自由。我很欣赏他们提出的"降维沟通"，确实在互联网发展的当今时代，如果用专业人士的常用术语与普通受众沟通，那么你的观点就很难传播出去。这就是从博客发展到现在的短视频时代，很少有专家能成为真正的KOL的道理。

人生的道路，不会一帆风顺到达理想彼岸。历经磨难会给人以更多的教诲，有时并不是坏事，反而是良药。特别对初创业的年轻人来说，商海不是室内泳池、没有惊涛骇浪。商海需要拼搏，就是战场，对于失败你有多少思想准备呢？

《论语·卫灵公》："道，不同，不相为谋。"所谓道就是指思想学说，是一个人价值观的体现。正确价值观的塑造是一个人能够在社会上立足并获得成功的基石。读书是我们获取知识和塑造价值观的重要载体。但是孟子曾经说过，尽信书，则不如无书。言下之意，很多知识是书本里面学不到的。本书系统阐述了三个人生破局必须具备的重要智慧——书本智慧、生活智慧和财商智慧。书本智慧体现的是学习力，它是一个厚积薄发的过程。生活智慧则是理论和实践的结合，是一个活学活用的过程。财商智慧则体现的是认识、创造和管理财富的能力，包括观念、知识和行为三个方面。在当代社会，财商已经成为与智商和情商并列的三大不可缺的现代社会能力。财商不是通过培训、教育出来的。财商是通过精神世界与商业悟性的养育、熏陶和历练出来的。通过对财商的养育，其目的是树立正确的金钱观、价值观与人生观。财商是实现成功人生的关键因素之一。

所谓法，即法则和规划。在本书中，香港金融侠侣会教你如何去构建自己的人生财富蓝图和资产规划。所谓术，即战术、谋略，也就是方法和技能。授人以鱼不如授人以渔。在本书中，香港金融侠侣会教大家如何去提升自己的核心竞争力，掌握谋生技能，并最终实现不可替代。所谓器，即器具、工具。在本书中，金融侠侣会教大家如何通过梳理支出、重整财务并增加现金流来获取更多的财富，同时要善于借助工具、杠杆的力量和外部的资源以达到四两拨千斤的效果。所谓势，即环境和造势。本书中作者会教大家如何利用环境为自己造势和赋能，并突破自己的能力圈和人脉圈。

成功从来都不是偶然的，它是天时、地利和人和的综合结果。这个世界上，努力奋斗的人很多，但光靠努力奋斗并不必然会成功。对于创业中的人来说，努力不一定会成功，不努力绝对不会成功。机遇有时就在你的面前，看你如何把握。

在本书中，香港金融侠侣，从价值观的塑造到规划的设定，从战术能力的提升到如何利用工具和借助势能，五个维度、全方位地给各位读者阐释：心有凌云志，无商不可攀。

无论你是刚步入社会的职场小白，还是面临事业瓶颈期的职场人士，也无论你是创业者，还是事业转型者，我相信，只要你仔细研读此书，一定会大受裨益、事半功倍。

序二：一颗金色种子

缪子美

（富达国际亚洲股票投资总监）

《左传》中说"居安思危，思则有备，有备无患"。每个人都希望，人生是一条一直上升的线：我们努力学习，勤劳工作，我们都相信"明天会更好"。而命运的神奇之处在于：没有人可以一直向上。如今我们所面临的世界充斥着不确定性，颠覆性的变化不断涌现，未来的工作也将越来越不确定，因此我们需要尽早规划和创造自己的第二曲线，甚至第三、第四曲线，以此成为自己职场和人生的主宰。这也是阿汝娜和周剑铨老师试图在这本新书《财富自由从 0 到 1》中传递给读者的一颗金色种子。

我与阿汝娜相识于 2010 年夏天，当时刚完成了沃顿商学院MBA 学业的她正在香港实习，而同为沃顿校友的我则成了她的Mentor（导师），而后她在香港汇丰银行投资银行业务工作了五年。2015 年初，我初见同在金融行业工作的周剑铨，当时他们两人都处于事业的转型期，我也给了他们关于职业转型的建议。作为导师的我现在感慨万千，当年我将一颗种子交到阿汝娜的手中，而如今阿汝娜通过本书将这颗金色的种子传递给更多人。

关于本书，二人并非是"不识人间疾苦"或"居高临下"地泛泛而谈，他们的人生也绝非一路顺遂，而是在经历了诸多人生挫折后破茧重生，这也令这本"经验之谈"更具说服力和借鉴价值。他们将一个个看似简单的人生与职场哲理用极具逻辑性的章节串联在一起，并呈现给读者。

本书的前三章重在传道（价值观）、传法（规则和规划），即先帮助读者建立一个远视的人生规划基础。从第四章开始，更具体讲解"术"（方法、技能），而这种"术"也从职场贯穿人生。此外，在互联网时代，每个人的时间、精力和能力圈有限，因此，转型之路举步维艰，书中的第五章介绍如何找到适合自己、风险可控的"轻创业"之路。当"道""法""术"兼备后，本书从第七章开始就聚焦于器（工具），给读者分享如何更好地获取财富。

除了理财、人生和职场规划，本书最大的亮点就在于，它也向读者传递了新时代创富或打造个人品牌的秘诀。作者用自己成功"破圈"的经历为大家解答了一系列问题——如何最快让 1000个人知道你？如何破能力圈（3 个月从短视频小白成功转型为知名财经博主）？如何破人脉圈（一无所有，也能找到贵人的 4 大心法）？

我真心希望，阿汝娜和周剑铨的这本新书能成为一支蜡烛，照亮更多人的前路。愿大家都能在不确定的世界中，拥有确定的自由。

序三：同心同德　方能走远

周荣佳

（友邦香港资深区域总监）

在保险行业我有超过 20 年的工作经验，从一个人打拼到现在拥有近 400 人的团队，经历过几次行业的低谷，经历过团队成员调整和团队高速发展。从中体会到一个团队的持续进步，不仅需要团队领导管理技能的进步，团队文化和培训机制也很重要。

我认识作者周剑铨和阿汝娜多年，看着他们放弃国际金融年薪百万的工作，携手在金融保险行业创业，在短短几年间，连续三年荣获行业顶尖会员 TOT 的荣誉，周剑铨也在 2017 年和 2018 年分别获得香港杰出财务策划师比赛的金奖和由 Asia Insurance Review 所颁发的亚洲新晋杰出保险顾问 Top 6 的荣誉。另外，他们在带领团队方面也有独到的见解，2018 年和 2019 年在近千个销售团队中，他们的团队排名前十。即使面对 2020 年新冠肺炎疫情，他们的团队仍然充满活力。

在我的职业生涯中，比较少见到高学历和有资深金融经验的转行人士能够在保险行业迅速建立有影响力的个人品牌，同时能创造辉煌的个人和团队业绩的，但作者二人互相配合已经在行业内闯出一片天地。在他们的指导之下，团队成员在 2018 年打破了公司某大额人寿保额的纪录，保额超过 1 亿元。

在《财富自由从 0 到 1》中，两位作者无私分享了他们如何从 0 到 1 建立有独特文化、凝聚力和高生产力的团队。同时也讲解领导力的不同层次，可以帮助同行或正在带领销售团队的读者转变管理思维，提升管理水平。

关于培训体系，市场上很多团队都着重于产品和销售的技巧培训，但两位作者更着重于人才技能的全面升级。随着保险市场日益成熟，客户对保险从业人员的专业知识水平和职业道德要求会更高，所以单靠纯粹的保险销售技能很难在行业长期生存。两位作者在书中也分享了他们是如何在残酷的市场中成功建立起自己的护城河的。

"一个人走得快，一群人走更远"，我相信每位做销售的人员，都希望能够干出一番成就，但多年的经验告诉我，想成功就要懂得借力，借领导的影响力和团队的专业能力。

我诚意推荐大家深入阅读《财富自由从 0 到 1》这本书，大家会看到不一样的周剑铨和阿汝娜。这本书绝不仅仅提供高维度思维和专业知识，对我而言，我还看到了两位优秀创业者的情怀和胸襟。建议大家反复思考作者所分享的内容，我相信无论你在职业的发展、财富的升级、销售的思维和建立个人品牌的技巧上都会有很大的突破。

希望大家可以通过阅读周剑铨和阿汝娜的故事和经历获得启发，开拓自己的事业与新生活！

目 录
CONTENTS

法：规则、规划

第三章　描绘你的人生财富蓝图

术：方法、技能

第四章　打造成功的职业生涯

第五章　轻创业者要学会的能力和思维

第一章

ONE

普通人也可以改变命运的 5 个技能

财富自由从 0 到 1

十几年前，我在《青年文摘》上看到一篇题为"我奋斗了 18 年才能和你坐在一起喝咖啡"的文章。那时，我坐在呼和浩特市一所简陋的学校操场边。我没有坐过飞机，没有去过比北京更远的地方。那时我每天骑自行车单程耗时一小时去上学，冬天出门时天还是黑的，路上全是冰雪。无数次在冰上连人带车滑倒，再爬起来继续骑，到了学校眼睫毛上都结了冰。我对未来所有的想象，都是能成为《读者》和《青年文摘》里描述的大城市写字楼里的白领。

我爸爸的起点比我更低，他是住在偏远牧区、妈妈早逝的独子，在恢复高考之后第 1 年，成为方圆 40 公里唯一考上大学的人，从此改变了他整个人生的命运。我相信只要努力学习，高考考到更大的城市，就一定能够改变我的命运。

而我的先生周剑铨，来自一个我当年无法想象的高起点家庭。他爷爷是香港纺织行业的知名企业家，曾经住在 3 层海景别墅里，过着富足的生活。16 岁时，家里就送他去美国留学了。而 2008 年的金融危机改变了他一直顺利上升的职场与人生之路。

当他结束了在美国求学和工作的十几年异国生活，踌躇满志地回香港准备开始顶尖投资银行工作生涯的时候，全球金融危机袭来，他失去了工作。因为之前十几年他都不在这个城市生活，也没有任何本地工作经验，在大裁员之下想再找一份工作无比艰难，几经艰辛找到的新工作，工资只有之前的 1/3。

同时，他家族的生意也一落千丈，出去留学时家里住的是 3

层海景别墅，回来的时候家里所有的资产都被变卖还债了。他和家人无奈地投靠到爷爷家，和弟弟一起挤在一间几平方米小房间的上下铺。

我们每个人都希望人生是一条一直上升的线：我们努力学习，认真工作，我们都相信"明天会更好"。而命运的神奇之处在于：没有人可以一直向上。在变化越来越快的今天，努力不能保证成功，不够努力连稳定与生存都可能变得无比脆弱。

现在有人说，奋斗了18年，还是达不到别人的起点，永远没有资格平起平坐"一起喝咖啡"。社会阶层似乎越来越固化，很多大城市的房子掏空三代人的钱包也买不起，一些曾经稳定的工作和公司，存活的时间从之前的几十年变成几年，甚至几个月。很多在互联网或创业公司工作的朋友，三年已经换了两三个公司，大多是因为之前的公司倒闭了。

再也没有人能够给你稳定的安全感、持续增长的收入和美好的未来。很多人开始讽刺励志和"鸡血"，而"佛系""丧""中年危机"甚至"青年危机"，变成了社交媒体的热门词语。没有家庭背景的普通人，还有机会破局吗？他们能够创造财富，改变命运，拥有握在自己手里一生的安全感吗？

英国企业家罗杰·汉弥顿说过一句话：财富并不是你赚了多少钱，而是当你失去所有金钱后所剩的东西。财富破局之路，始于思维，久于财富，终于人生。在本书的第一章，我想分享给你普通人改变命运的5个武器。我和先生就是握着这些武器，从一无所有走到跨越财富阶层的，你也一定可以。

1.1

改变思维：从月薪 3000 到月薪 6 位数

2005 年暑假，大学三年级的我在恒隆广场的香奈儿店实习，我的工作是把门店的顾客购物记录输入电脑。那个时候我的生活费是每月 600 元钱，我惊讶地看到大部分顾客在香奈儿店一次的购物消费达几十万元甚至 100 多万元！我一直在想，我要奋斗多久才能轻松买得起香奈儿？毕业之后找到一份外企的工作，好好工作升职，应该很快就可以了吧！但真正工作了之后，我才意识到：哪怕再奋斗 3 年、5 年，跟我之前的期待和目标依然相距很远。

2006 年我大学本科毕业，4 年的努力学习和全力求职，让我和大多数外地同学一样，留在了上海，进入了四大会计师事务所之一。我工作的地点在繁华的南京西路恒隆广场，楼下全都是奢侈品店。短暂的兴奋和虚荣过后，我发现自己其实只是一名"高级打工者"，虽然穿着职业套装出入顶级的商圈和写字楼，但是我每个月到手的工资只有 3000 多块钱。在上海租房就已经花掉了工资的 1/3，再加上交通费、生活费等，所剩无几。到十几年后的现在，大学生毕业后的第一份工作的起薪依然没有明显的增长，以四大会计师事务所为例，起薪也只是提高到每月七八千元，都没有赶上这十几年来物价的增长，更不要说翻了几倍的房价了。

上班第二年，我悟到了一个道理：用时间来换钱，是有天花板的。我们一天只有 24 个小时，而初级员工的时间是不值钱的。我为了让老板看到我的努力，经常周末都来义务加班，连大年三十的家庭团聚我都错过了。但是这些心血和努力只有苦劳没有功劳，对我的收入的正面影响微乎其微。我开始思考：如何让自己更值钱？如何用同样的时间和努力付出，来赚更多的钱呢？

在之后的十几年，我尝试用各种方法提高自己的职场月薪，从 3000、5000 到 1 万，再到 5 万、10 万。经过深思熟虑之后我决定创业，收入不再用月薪、年薪来衡量，而是用自己创造的业绩来获得报酬。从月薪 3000 到月薪 30 万，从一周 7 天、全年无休，到现在拥有自己的公司和团队，可以灵活、自由地安排时间和工作计划，我改变了思维也改变了自己的人生。

由打工思维到创造财富思维

6 年前，我先生还在私募基金公司工作时，有一天家里有急事，已经提前请假准备离开公司，老板突然说中午有一个会议需要他陪同出席。他和老板解释说："不好意思，我家里有急事已经请假，实在参加不了这次会议。"

老板短暂沉默后，大发雷霆："你作为副总裁，应该有 24 小时待命的准备，我们这个行业就是要不停工作，个人的事务不应该放在工作之前！"我先生听了这番话后，心里很难受，他的工资远远没有高到需要放弃家人、24 小时为公司卖命。这次经历后，他觉悟了，对"选择结果拿酬劳"的思维有了更强烈的感悟。三个月后，他主动辞职，全心投入与我一起创业。

短短几年间，我先生从一位没有自信、公开演讲时紧张到手心出汗、每天对着电脑屏幕默默建模型的金融从业者，变成现在站在国际舞台上在千人面前分享经验的演讲者。从下班就累得瘫倒、不敢有自己生活的人，成为出现在财经杂志、电视台、报纸媒体和巴士巨幅广告上的公众人物，以及不断学习、培养同伴的领导者。

穷人和富人的区别到底在哪里呢？真的是家庭起点或者是人脉、学历、运气和机会吗？其实不是。世界越复杂，你的起点越无关紧要。十几年后的今天，我想分享给大家一个给我很大启发的公式，来自日本企业家稻盛和夫：

> ❯ 人生和事业的结果 = 思维方式 × 努力 × 能力；
>
> ❯ 能力和努力的取值分别是 0~100；
>
> ❯ 而思维方式的取值是 −100~100。

因为是相乘关系，所以你的思维方式如果稍微有点负面，就会带来负的人生结果。能力和努力固然都很重要，但最重要的是具备正确的思维方式。想让自己更值钱的第一步，是改变出卖你时间、体力和精力来换钱的思维方式，不再把自己压榨到极限，而是用你给别人创造的价值、实现的结果来获得财富。如果你不敢以结果来获取财富，那就是你认为自己的工作不值钱。

而要财富破局，彻底地把狭隘的打工思维转变为创造财富的开放思维，从用时间换钱到以结果换钱这一条路，需要探索出适合你的途径。有一本名为《第三道门》的书中说，通往成功就像是推开一扇俱乐部的门。

第一道是正门，所有人都能够看得到的门前，99% 的人在排着长队，等待着排到自己；第二道门只有少数人知道，富商权贵会悄悄走进门，这扇门完全不属于普通人；第三道门，不在大家都能看得到的那条路上，而是在小巷里，你需要自己走进小巷，摆脱既定路线，一扇扇敲门寻找。每一个人都能够找得到属于自己的第三道门，只要你准备好思维、见识、能力，果断地采取行动。关于具体的操作方式，我们在后面的章节讲解。

1.2

打工族也能有"全年无休、不怕裁员"的"睡后收入"

我想问你一个问题：如果从今天开始，你失去了现在的这份工作，你银行里的存款能维持你多久的生活呢？三个月、半年，还是一年、两年？除了你现在赖以生存的这一份主业工资，你还有没有其他收入，能够每个月进入你的银行账户呢？

2015 年，我想离开我所工作的银行去创业，看看更大的世界和更多的可能性。这个时候我才发现：我银行账户里的存款，连我还下个月的房贷都不够！我是一个名副其实的月光族，如果我这个月失去了工作，月底没有工资入账，下个月就会彻底破产，资不抵债。

从那一刻起，我深深地意识到：如果只有一份工资收入，是多么的危险和脆弱。在过去近 10 年里，我兢兢业业地工作，工资越来越高，然而我的财富几乎没有增长。挣得多，花得也多。我的生活像一个美丽而脆弱的水晶杯，从天而降的一块石头，就会把我的岁月静好击得粉碎。

我先生完全是一个反例。他在 2014 年曾经裸辞创业，一整年没有任何工作收入，但是他的资产一点儿都没有被消耗。他能通过自己投资获得的利息来生活，那一年还和我一起投资买了套小房子。他买这个房子的钱是利用资产的杠杆借出来的钱，自己完全没有付额外的现金。当时我感觉这是天方夜谭，完全不知道他是怎么做到的。他没有工作，之前的收入也不到我的一半，他是从哪里变出来源源不断的钱的呢？

很多朋友没有意识到：我们赚的钱分两种。

一种是主动收入，创造财富的工具是我们自己，通过付出我们的时间、体力、精力、脑力来换钱。如果你在工资之外还有一份兼职副业，同样也是主动收入，因为你都需要付出额外的时间和劳动。在疫情之下，很多人失去了工作才发现自己"手停口停"，无法出卖自己的时间，也就断了收入来源。

另一种是被动收入，是你的资产为你创造的钱。前一种是人赚的钱，后一种是钱赚的钱。当你睡觉和休假的时候，被动收入源源不断，像涓涓小溪一样流入你的银行账户。

可惜的是太多像我一样的人，终其一生地拼命努力，把所有的精力都放在提高自己的主动收入上，却完全没有想过挖掘自己的被动收入来源。当有一天不能工作了，主动收入一断，财富的蓄水池就会干涸。从银行账户里没有钱、背负着近千万房贷的月光族，到一步步积累起 8 位数的资产和多渠道的被动收入，我们夫妻俩用了 5 年。

赚钱多当然是好事，但最重要的是能留得住财富。你挣多少钱不重要，最后留下来钱，买到可以增值的资产，才是真正属于你的财富。否则，那仅仅是过路财，钱只是在你那里过一道手而已，没有财商的人是守不住钱的。

看这本书的绝大多数朋友的财富状况一定比我 5 年前要好很多。建立属于你自己的"睡后收入"，只需要从一件事开始：从正确的财富思维开始，来指导每一步行动。

有一位日本作家采访了近百位富豪，他们不约而同地说，自己都曾经因为某一个原因而下定决心改变人生，从此走向了人生转折点的另外一个方向，比如，面临失业、生病、住院时，这个共同点就是在那一刻突然有强烈的想法，觉得现在的自己不行，必须彻底改变现阶段的人生。就像我们夫妻俩都有着努力一生却没有留下什么钱的父母，只能靠我们携手拼搏，白手起家。

我先生曾经在 2008 年金融危机中失业，自己几乎破产，也曾经裸辞创业失败，好不容易找到工作后老板猝死、公司关闭。我们一起经历过十几次裁员，见证了从顶峰到低谷的人生，最后放弃了年薪百万的工作，从零开始进入了社会地位断崖式下跌的保险行业。做出这个决定，对当时的我们来说非常难，几乎是打碎自己再重新组合。但是不破不立，大破大立。

其实很多财富跨越阶层的人都是普通人，甚至都有悲惨的经历。他们和穷困一生、痛苦一生的人唯一的差别就是在生活的某一个时刻，突然意识到：我不想这样活，我不愿意这样想。之后行动就配上了思考，走上了完全不同的另一条道路，我们夫妻俩希望用我们的人生经历，带着你去过一个有结果的丰裕人生。

1.3

普通人也可以从零打造
能赚钱的个人品牌

有句话说，未来的时代是个体崛起的自品牌时代，社会变化越来越快，一个人和企业的关系，也从之前的雇佣关系逐渐变成联盟关系。铁饭碗不再是之前背靠大树好乘凉，抱着"吃"一辈子的职业，而是走到哪里都有底气、有饭吃、有钱挣的技能。

很多朋友觉得个人品牌离自己很远，自己只是企业里一个普通的"螺丝钉"，没有存在感，很容易被替代。我们夫妻俩也曾经是大公司千千万万个"螺丝钉"中的一个，是办公室里普通的透明职员。每一次当市场不景气，公司开始裁员的时候，我们都战战兢兢，像受惊的"小麻雀"。

我永远都不会忘记，好几个深夜，我从办公室里把我的个人物品一件件打包背回家。因为我觉得，明天我可能就会被裁掉，马上在保安的监视下离开办公室，连包都来不及收拾。我也见过自己的老板被裁员。叱咤风云二三十年，奋斗到那么高的职位，又有金光闪闪的头衔和名片，但是公司给你的东西，也可以随时拿走，和你的个人能力无关。离开了平台和光环的加持，你又是谁呢？当你以自己的身份，走出公司的大门，一个人站在这个世界上，你之前的客户还认你吗？你的价值又在哪里？

2011 年，我开始在网上写微博分享生活和工作的点滴，到现在已经 10 年了。在我们夫妻俩创业的第一年，我们曾通过自媒体的积累和分享，创造了过百万的收入，实现了一个有意义的里程碑。现在 5G 时代，短视频兴起，每个人都是自媒体。你们现在面临的环境和机会，比我当时要好得多。在我看来，建立个人品牌并不一定要有一技之长，也不需要是性格开朗、人美歌甜有人捧的网红。无论你是在公司里打工，还是自由职业者，或者是拥有一个公司，你都可以建立自己的个人品牌，拥有独一无二的竞争力和更高的客户忠诚度。

未来的时代是人工智能崛起的时代，大部分标准化的工作岗位可能都会被机器替代，不复存在。比如，会计报表、数据收集、流程操作、文件处理等，甚至连专业的分析报告都可以由电脑来完成。很多人很恐慌，未来什么能力不会被 AI 替代呢？其中一个能力就是，机器永远不会拥有我们人类的情感和创造力。

我们夫妻俩在传统的金融专业服务领域各自工作了十几年，从基层一级一级做上来，最大的感受就是越往高走，人比事情更重要。我在读商学院的时候，华尔街的银行高层来开职业招聘会，聊天时很多人都说过一句话：All business is people business（所有的生意，最终都是人的生意）。除了低头把事情做好，我们更需要抬头看看周围的人，交流和感受他们需要什么。与人沟通和共情的能力，是可以观察和培养出来的。

普通人也可以从零培养个人品牌，起点再低都不用怕。我先生起初是一个非常内向的金融分析师，很多时候和朋友见面都不知道该聊什么。在我们创业之后，工作变成了以人为主。我看着他一步一步走出自己的舒适圈，从不善表达的数据分析师，变成一个可以站在千人会场上，自信地对大家演讲的领导者。

2020 年，新冠肺炎疫情彻底打破了很多人既定的职业、事业和生活轨迹，使很多人陷入了迷茫和绝望，接近一年的收入几乎等于零。我们也有过短暂的迷茫，但之后个人品牌帮我们转型破局。在 2020 年短短一年的时间里，我们夫妻俩做成了很多之前许多年都不敢做或没做到的事情：做了直播公益讲座、开设了 6 期知识付费课程、成为知名财经博主。同时，我们第一次进入了短视频领域，从连抖音都没看过的小白变成了视频号头部博主。2020 年 11 月，我们荣获了两座视频号 Top10 财经博主的奖杯。

自品牌的时代，真正的财富不是你的公司、你的头衔，而是你自己。我不再怕逆境与他人的评价，因为我的内心知道自己的真正价值不会因此损伤一分一毫。我也知道有一批同频的人，在这些年里被我的文字和我的人生经历帮助、启发，成长。这一条自我成长的丰盈道路，你也可以跟着我们做到。

1.4

吸引贵人喜欢你和帮助你

你的人脉怎么样？有贵人帮过你吗？有很多人误以为人脉就是像社交花蝴蝶一样，去参加各种活动，加一堆人的微信。也有很多人说现在人们都很势利，自己背景不够高大上，自然会被人忽视和冷落。你是不是也错误地把你的通讯录，当作你的人脉呢？我见过很多想接近优秀的圈子却无能为力的朋友，或者因为职业或身份的转换失去原有社交圈的朋友。例如，转做微商被朋友拉黑、离开有钱的老公而被交际圈排挤、失去带有光芒的工作而被迫体会人走茶凉。

如何搭建和经营人脉，绝非要到一个微信号这么简单。事实上，从认识一个人，到与一个人交流，再到他愿意主动帮助你，每一步都隔着银河系。凡能接力之人，皆有能量。

我出生在书香门第的教师家庭，成长在大学校园。大家都知道老师是特别爱面子的，所以我是一个特别看重个人名誉，特别爱惜羽毛，在乎他人评价的人。在我离开高大上的投资银行，"降维"进入保险行业以后，社会地位断崖式下跌。很多曾经觥筹交错、笑脸相迎的人脉消失了，有十年交情的朋友不屑地评价我的转行："君子爱财，取之有道。"曾经是一个圈子的朋友在路上碰到时连招呼都不打，或者毫无礼貌地放我鸽子，在我到达约好的地方之后打来电话，不冷不热地说："工作很忙，来不了了，有什么事情你就电话里和我说吧。"这些都是在我转行以前，从来没有体会过的对待。我听过很多冷嘲热讽，也做了很多噩梦。

同时，我也有很多素未谋面只是看我微博和公众号的网友，隔着千山万水收到了我的文字所传递的知识和力量，他们给我带来了源源不断的信任、转介绍与合作。有一位从未见过面的读者把他超过千万元的资金交给了我们的团队进行投资，还有一位多年不联系的朋友带着全公司的同事一起来找我配置资产。更是有不少之前想都没想过的人，从网络和朋友圈里抽象的头像变成了身边一辈子的朋友和客户。

罗振宇在 2020 年的跨年演讲中说，人的网络是财富的放大器。金钱、事业、地位、荣誉都是身外之物，很多人会因为你拥有它们而接近你，也会因为你失去它们而离开你。不要觉得认识什么人就很厉害，而是很厉害的人需要你，你才很厉害。

1. 敢于走出你的人际舒适圈

不要只是围绕着办公室里的同事们，你应该跟那些每天和你看到、听到、想到的都很不一样的人打成一片。因为他们和你生活在不一样的世界中，他们的生活会给你带来灵感。

在你真正需要大的变化时，真正的机会和宝贵的资源其实都来自那些你不常往来的人，比如，社群的群友、校友或者是朋友的朋友。哈佛大学学者 Mark Granovetter 调查的结果显示，找寻工

作的人更多的是通过那些很少见面甚至一年才可能见一次面的人
获得职位的信息的。

我当时求职的时候想要了解私人银行，当我一个人都不认识
时，我是怎么做的呢？我和我身边所有的朋友去讲，请他们帮我
介绍在私人银行工作的朋友，最后在两个月的时间里，我认识了
8 个在不同银行工作的私人银行家，包括外资银行和国有银行，
跟每个人都单独约了一顿饭或者一杯咖啡。不光和行内人聊，我
还和猎头聊，请他们帮我安排了一次私人银行部门的面试。虽然
之后我选择了客户更广泛的保险理财行业，但我在私人银行业多
交了很多朋友，也多学了很多知识，以后都用得上。现在我们还
会互相推荐客户，互相请教问题。

2. 成为节点型人物

一旦你创造出了认识更多人的机会，一定要让自己成为一个
节点型人物。

节点型人物，是指掌握更全面的信息，能够把大家联系在一
起的人。

2020 年冬天，有一位微博读者向我求助，希望我帮她母亲
找到失散 30 年的香港朋友。这位朋友是位警官，个人信息不方
便在我的自媒体公开，于是我私下联络了朋友圈里有警察亲友的
四五个朋友。当晚就有一位朋友的朋友找到了这位警官，几天后
双方就联系上了，失散 30 年互相寻找都没有寻回的年轻时的友
情终于在老年重新连上，读者对我感激不尽，我心里也充满了温

暖和欣慰。

最好的人际交往，就是你拉着两个来自不同世界的人坐到一起。积极帮别人去牵线搭桥，把不同领域或彼此需要的人互相介绍。这样你就会成为大家最想认识的桥梁。

3. 最重要的在于给予

真正的人脉，不是你认识多少人，手机里有多少大人物。而是有多少人认识你、了解你，喜欢你，在你需要的时候愿意帮助你。光有积极的态度是不够的，要想想你能给别人什么。这个才是最重要的。

沃顿商学院的教授格兰特在书中说过，人际网络中有 3 种人，一种是 Giver（给予者），另一种是 Taker（获取者），还有一种是 Matcher（互利者）。那些获得卓越社交价值的人往往是 Giver（给予者）。换句话说，你想要得到什么之前，先想想自己能给出去什么。

我曾经帮助过一位想申请 MBA 的校友家属，他的态度非常真诚，提前做了很多功课，所以我和先生给了他不少申请 MBA 的建议。最后他拿到了哈佛和斯坦福的双录取 MBA，专门发信息给我和先生致谢，之后这位校友的家庭在几年里为我们转介绍了近十家高质量的客户，我们两家人也建立了长远的友谊。

没有人可以靠自己一个人就能成功。你可以发出自己的光，扩大你的能力圈和影响圈。一个在本职工作上专业负责，业余生活中性格发光的人，时间会证明一切。在接下来的章节我会倾囊分享，我们在成长的道路上得助、自助、助人的秘密。

1.5

一直赢下去的人生蓝图

查尔斯·汉迪的书《第二曲线》中讲道：我们人类的一切，包括生命、组织、企业、政府和联盟都适用于 S 型曲线。最开始是投入期，当投入高于产出时曲线向下，当产出比投入多时曲线会持续地向上，但是总会在某个时刻，不可避免地达到巅峰，然后开始下降。

人无千日好，花无百日红。一切事物都逃不开 S 型曲线，唯一的变数就是曲线的长度：罗马帝国持续了 400 年，最终还是灭亡了。现在 S 型曲线的长度更短了，过去的企业倒闭之前通常能运行 40 年左右，而现在企业的平均寿命只有十几年甚至几年。

过去几十年我们国家经济发展很快，大家的日子都越过越好。我们这一代人觉得比过去更好的现状会一直持续，但是生活总不按预想的发展。对很多人来说，生活变得越来越艰难，而不是越来越轻松：不平等的现象在增长，财富也没有像预想的一样越赚越多，反而陷入了债务之中，比如大部分钱都花在了购买房子上。

在经历了各种金融危机和事业改变之后，我们无奈地接受了小心谨慎的生活，现实是我们既无法回到过去，也无法让现状无限延长。如果我们周围的世界发生了变化，为了保持不变，我们自己就必须做出改变。

我在四大会计师事务所工作了几年之后，决定去美国深造。从我的财务状况来看是下降的，因为要停止事业去投资学习，但是在短暂的下降之后，我的第二条曲线开始起飞了。在新的曲线中，我进入了投资银行，工资比之前翻了近 10 倍。度过了几年平缓的增长之后，我又决定归零再出发，勇敢地离开了光环，进入了财富管理行业。同样，我又经历了下跌。这一次不仅是稳定的收入归零，还有社会地位的断崖式下跌。

但是对我们而言，一条更宏大的人生曲线还没有到来。为了向前发展，有时候彻底的改变是必要的。我最喜欢的一句话是：不破不立，大破大立。这意味着开辟一条和之前完全不同的新道路，要求我们对熟悉的问题拥有全新的视角和梦想，跳出盒子去思考，敢于尝试不可能。

《左传》中说："居安思危，思则有备，有备无患。"未来的工作将越来越不确定，因此我们要提前准备和创造自己的第二曲线，甚至第三曲线、第四曲线。每一条曲线都紧密衔接，绵延不绝，引领我们走出舒适圈，通向新的增长领域。你的人生也会持续发展，创造未来。

成功永远都不是去选容易的路，而是选正确的路。有时候你要换的不只是一份工作，而是曾经根深蒂固的思维和行为。你是想在一条慢慢下沉的船上，努力地沿着船杆向上爬？还是去寻找一艘即将起飞的火箭，不管什么位置，先坐下再说？答案在你心里。

　　除了事业的不断突破，我们还需要建立多渠道的收入来源。

　　如果把财富比作一个池塘，我们要思考的是：

　　（1）我们的池子里有多少水？（资产）

　　（2）我们的水从哪里流进来？（收入）

　　（3）我们的水怎么流出去？（支出）

　　（4）想象我们的池塘旁边，有一个坑要用你的水去填，这个干涸的坑有多深？（负债）

　　因为金钱有进有出，我们能做的就是多挖几条渠道，让流进来的水更快更多。就算关掉了其中一条，也依然有另外几条不受影响、独立的收入来源，让你能坚定地生存和发展下去。

　　拥有多元化而互不相关的良好现金流，要比只有一个巨大的现金流更好。很多人终其一生，他们的财富之路就是工资—生活，兢兢业业终其一生，财富的水源只有一个来处。如果断流，人生就会随之干涸。一个丰盛和流动的人生，永远不会只依赖一个收入来源，无论是人力资本还是金融资本，都是多样化的。如果工作能力带来的收入是我们的人力资本，也就是场内赚钱能力，那么金融资本，也就是钱生钱的投资收益，是我们守住财富、增值财富的场外赚钱能力。

　　你专注在哪里，哪里就会出结果。世界越复杂，你的事业和财富的起点越无关紧要。我们经历过好几个金融危机和高速增长的周期，突破过好几次行业和人生的增长瓶颈，深深知道我们人类是短视的动物，容易低估事物的远期威力，因此一定要为自己的人生规划出一个良性循环的系统，按照规划去一步步地执行。

　　在这本书里我列举的所有规律、经验和方法，都是被认可且被验证过的，你可以从这本书里找到，也可以从过往成功的人的经历里找到。我们普通人没有很多资源，也不是天才。我们命运最大的胜算就是思维、实践与时间。用思维种下财富之树的种子，用实践为它浇水、施肥，让时间陪它开花、结果。

每个人心中都有一颗金色的种子，如果我们知道它是什么，精心地施肥、浇水和照料，它就会带给我们成就。送给别人最好的礼物，就是帮助他们找到并种下自己的金色种子，用正确的努力和时间让它成长。

挖掘自己的种子，开启一条新的第二曲线永远都不会太晚。现在很多人都结束了自己之前的职业生涯，开始新的工作曲线，越来越多的人也转向某种形式的自我雇用，这就是一个发掘金色种子的机会。你的金色种子在哪里呢？在后面的章节里，我们会带着你一起去寻找。

道：价值观

第二章

TWO

课堂上学不到的
人生破局智慧

财富自由从 0 到 1

2.1

改变人生的 3 大智慧

2008 年，剑铨身负读硕士时自己申请的百万学生贷款，在金融危机失业和家境败落后，只身在社会沉浮拼搏。他接受过薪水微薄、几年不涨工资的工作；创业失败被骗走几十万元辛苦得来的积蓄；几经周折找到稳定的好工作，却因老板猝死、公司关停而再次失业。他也曾经感慨自己生不逢时，身边的朋友都发展得比他顺利。和我相知相爱后，我们携手奋斗跨越逆境。通过创业和谨慎投资，我们夫妻度过了最艰难的时刻，财富今非昔比。

在过去几年的创业路上，他经常和我促膝长谈，讨论自己这几十年事业起落的深度思考。人生的改变与破局，靠的是 3 种智慧的结合：书本智慧 + 生活智慧 + 财商智慧。

1. 书本智慧

书本智慧主要是学校教育中获得的知识、技能和思考方式，是三种智慧中是最容易学习、也必须要拥有的基本智慧。

现在有很多人说学习好没有用，甚至把之前通过读书改变命运的"寒门贵子"戏谑成为"小镇做题家"。在我看来书本智慧是一个人成功非常重要、不能被替代的基础，尤其是对普通人相对最公平的方式。我们可以用自己主动付出的汗水和努力，来改变和突破自己无法控制的家庭财富阶层。

而我自己也是靠在学校里努力读书，在高考中考到了比自己家乡更大的城市，从而看到了更大的世界，逐步改变了自己的人生轨迹。而我最佩服的人是我父亲，他也是靠读书真正跨越了自己社会阶层的人。

我父亲出生在内蒙古偏远的农村，我奶奶在我父亲7岁时就因难产去世，我爷爷自己做马鞍供他长大。就是在这样的条件下他努力读书，勤奋专注，在1977年作为方圆400里内唯一考上大学的人，从此从农村进入城市，改变了自己的命运。

每当我迷茫和犹豫时，我都想起我小时候家里那满墙的书和父亲勇敢走过的路。学校的教育和书中的知识，让我建立起牢固的基础知识架构和世界观。

普希金说过：读书和学习是在别人的思想和知识的帮助下，建立起自己的思想和知识。我越读书和学习，就越觉得世界很大，我们所处的只是其中一个很小的角落。永远要有敬畏之心，永远要有求知之心，这样才能够不断去突破时空的限制，看到更广阔的世界与可能。我们在进入职场以后，也应该不断充电，补充书本知识，继续教育，不断学习，才能一直拥有不被淘汰的智慧。

2. 生活智慧

学校里的好学生，就一定能够在社会上成功吗？《纽约时报》

畅销书《优秀的绵羊》是耶鲁大学教授对常春藤精英教育的反思，很多人只会用学校的成绩和奖杯来衡量自己的身份和价值。在学校里优秀的标准只有一个，但是一入社会忽然百花齐放、各显神通，再也没有唯一的衡量标准，仿佛从白纸黑字的平面二维世界，变成了五颜六色的立体 3D 世界。

有一些学霸的巅峰时刻就是考上了名牌大学，从此泯然众人。而一些在学校里毫无存在感的人，却在社会的大熔炉中奔腾崛起，甚至草莽出英雄，谱写了财富和成就的传奇。我先生从小到大都是名校的好学生，但面对 2008 年艰难的就业环境时，他辉煌的学习经历并没有帮他破局。相反，他有一位朋友小艾却通过生活智慧找到新的事业机会。

小艾通过自己读 MBA 时的人际网络，写邮件给每一位金融领域的校友，到处约咖啡请教，还大胆地混进完全陌生的金融社交聚会。终于有一位校友给他机会，在一家对冲基金的电子交易平台实习。小艾虽然学的不是这个专业，但他每天认真了解如何操作电子交易平台，也不断请教其他基金经理需要什么交易技术支援。最终小艾击败很多有技术背景的面试者，拿到年薪过百万的 offer，改变了职业命运。

一天午后我随意翻到一本书，作者是一家上市公司的联合创始人，两个孩子的妈妈。这位女企业家连大学都没有读过，在和先生创业之前是饭店的服务员。这些年，我也见到好多创富的传奇，90后、95 后，甚至 00 后，都已经开始谱写了自己创业世界的篇章。

生活智慧这个词是相对于书本智慧或者课堂智慧而言的，是指你在教室里学不到的，只有到社会去摸爬滚打才能学到的智慧。它普遍的含义是关于在复杂的社会丛林中顺利生存和发展，并且取得成功的智慧。这个词听上去并不够体面高级，但在很多职场环境中"生活智慧"是一个褒义词，指某个人能够灵活地与复杂的人和事相处，在社会大舞台上辗转腾挪，换回为人之道和处事之法的宝贵经验。

3. 财商智慧

财商智慧也很重要，和生活智慧一样，不会在学校课程中学到，需要在社会实践中体会和学习。绝大多数人的理财方式和对金钱的思维都是小时候从家庭里学到的，很多优秀的银行家、医生和会计师在学校时成绩优异，可还是一辈子在财务问题上挣扎。

你的父亲和母亲给了你什么样的金钱教育呢？要把钱好好存起来，还是要及时行乐？钱就是要辛苦工作才能赚到，富人的第一桶金要么不干净，要么就像当明星一样必须有才华和运气，我这辈子应该没有财运？

我们夫妻的原生家庭都缺乏关于金钱的智慧，我和先生都有一位学历很高、固执保守、勤奋工作的父亲。在面对社会变化和行业衰败时，父亲们拼命努力，但依然无济于事，之前辛苦积累的财富也在不断的失败中耗尽。

我和先生结婚的时候，双方家里一分钱都无法支持。他为了给我一个美好回忆，用自己的小房子抵押贷款，为我买求婚戒指和支付婚礼开销。一起创业后短短几年，我们夫妻的财富有了质的飞跃，从负债千万到8位数资产。我们依靠的就是这3种人生破局的智慧。

2.2

学习能力改变命运

哈佛大学前校长詹姆斯·B.柯南特说过，教育是当你忘记了所学的一切之后，所存活下来的那一部分。在我看来，书本智慧的精髓就是强大的学习能力。很多人在离开学校之后就再也没有学习过，甚至再也没有完整地读完一本书。也有很多人有知识焦虑，把不断报名课程和收集知识当作学习，但是他们具备的只是模仿能力，并不是思考能力。借来的火，点不亮自己的灯。

我认为能改变命运的学习能力，绝不仅是会考试会背书，而是同时具备强大的输入和输出能力。输入能力是对巨量信息的搜索、筛选、吸收和消化，而输出能力是整理、总结、提炼重点和对外分享、获得结果的能力，包括复盘能力、写作能力、演讲能力、工作能力等。因此输入和输出就形成了一个闭环，如果这两个能力其中一个有严重短板，也许可以暂时成功，但很难持续。

1. 学会自己去搜索、筛选和鉴别信息

我大学时很懵懂也很依赖别人，一点小事都去问学长学姐。一位去了会计师事务所的学姐人很好，我就不断问她求职四大会

计师事务所的问题。有一天学姐微笑着对我说："这些问题并不难，你有没有试过自己在网上去搜一搜呢？"我特别惭愧，后来充分利用各个搜索网站，再没当过耽误他人时间的"伸手党"。

我工作两年后申请就读美国 MBA，在不认识任何 MBA 毕业生的情况下，我在网络上找到了留学论坛，从考试资讯、论文写作到申请互助小组，我搜索、吸收和运用信息的能力让我远渡重洋、改变命运。

无论在网络上还是生活中，都不要依赖别人给你知识，要具备自己收集、筛选、鉴别信息的能力。同时，判断和结论不要靠感性情绪和片面信息，而要建立在理性、客观分析的基础上。

在做一项投资时，看的不是别人赚了多少钱，而是学会读财务报表和分析数据。有人来劝你一起创业年入百万，你要做的不是头脑一热激动地加入，而是谨慎地调查研究：

❯ 这个数据是真实的吗？有证据吗？

❯ 这个行业收入的平均水平多高？

❯ 产品是否有需求？市场趋势能维持多久？

如果你学会了收集全面资料、筛选真实信息、分析提炼出自己的观点，就拥有了真正的输入能力。

2. 挽起袖子、躬身入局，不要纸上谈兵

2011 年，我进入投资银行的矿产资源部门工作。第一次出差去客户现场，一位资深前辈对我说："做投行有两种方式，你可以打扮得漂漂亮亮一身名牌，坐在办公室电脑前建模型；也可

以和矿工一起走遍真实的矿区，看煤炭从哪里挖出来、怎么运出去。后者也许辛苦，但会让你受益终生。"

我记住了这句话，在之后的几年里，每一次实地考察机会我都非常珍惜。几乎每一次下矿区出差都是唯一的女性，大多数地点都人烟稀少，需要经过五六个小时土路甚至泥路的颠簸。我曾经在荒山树下上过厕所，也住过半夜灯会自己亮的矿区宾馆。

2014 年，我再次作为唯一的女性去实地考察哈萨克斯坦的一家矿业公司。虽然我已经做了好几年矿业项目，但这次哈萨克斯坦之行的艰辛还是刷新了我的世界观：我们去访问的矿区离最近的城市有整整六个小时的车程，沿途是空无一人的蛮荒之地。只有前三个小时车程有苏联时代修建的破败公路，后三个小时全部行驶在颠簸到要吐的土路上。当时正是春初雪化时，车轮在土路上溅起的泥点糊满了车窗，全车一片昏暗，有一种世界末日的错觉。

就在这人迹罕至的荒野中，中方派驻的唯一一名工程专家已经奋战了整整三年没有回家。这位孤身在他乡的专家非常热爱他的事业，激昂而骄傲地和我们讲着这几年勘探和采矿的成果。他的眼睛里闪着自豪的光，告诉我们运回国的矿产对中国的国计民生都做出了重大的贡献。

那几天我穿着向矿工借的羽绒服，晚上住的招待所没有被子，我抱着毯子冷到骨头里。想起自己每天出入高级办公楼，还抱怨着奖金不够、工作太累；再看看这些奋战在最艰辛的条件下为社会做出巨大贡献的人们，我心里热浪翻涌。也许绝大多数人一辈子都不会来到蛮荒之地，而我一辈子都会感激这些亲身体会的学习经验，它们都是我人生和思想珍贵的积淀。

美国橡胶大王哈维·费尔斯通说过，如果一个人的全部信息都局限于他的工作领域，那么他的工作不会做得很好。一个人必须有眼光，他可以从书籍上或者人们身上——最好是两者兼有——培养眼光。

每个人眼中的世界都是不同的，有些人可以学习更多维度、创造更多可能，而有些人终其一生眼中仍然只有某一群人、某类现象、某种观点。学习很重要的一点就是：不断扩大你眼中的世界。不断走出你的舒适地带，你的态度就不会被固有的旧环境、旧观点局限。

总有朋友惊讶我每一次归零转型都如此有魄力，其实这就在于我从未生存在自己的小圈子里，而是敞开心扉去探索更立体、更多元的世界，自然也比别人看到了更多的选择和机会。与有肝胆人共事，从无字句处读书。当你不再纸上谈兵，而是躬身入局时，能看到更多不同的维度，也能创造更多的可能。

3. 用输出倒逼输入，用效果衡量输出

学习中要给自己适当的压力，就像学习一门外语的最佳方式是把你直接扔到陌生的国家，不逼自己说外语就无法生活。锻炼学习能力的两个要点就是：

（1）学完就教，用输出倒逼输入

我在过去的 5 年坚持写了近 400 篇公众号文章，这是总结经验和提炼思考的好方法，同时也让我有机会和更多人交流、更快

地进步，和客户沟通也更有效率：当对方问到一些普遍问题时，我会引用我写过的科普文章，让客户更认可我深厚的专业积累。

每个人都可以不仅做学习的接受者和输入者，也做一个主动分享的输出者，学完一类知识马上找机会给别人讲一遍。我分享一个实用的小习惯："输出时间节点"，就是持续为自己安排公开输出的机会。机会可大可小，小到和亲戚朋友在小范围分享、规律地每周更新文章和视频，大到争取定期在规模较大的活动上发言、定期推出公开课程对外分享。在为这一个个输出时间节点而认真准备时，就一直保持了好的学习状态和敏锐的思维。

主动分享读书收获、工作内容、知识经验就像是一块块磁铁，能吸引与你价值观相近的人，会形成一个又一个良性的反馈闭环，从而让你自己的知识体系越来越成熟。你也能够更有力量和影响力，未来去站在更大的平台上，照亮更多人。

（2）学以致用，用效果衡量输出

我和先生的财富课程中，会给每一位学员送一个我先生亲自制作的学习工具，是一套"个人财务诊断表"——用来记录自己财务健康情况和计算主要比率的 Excel 表格。80% 的学员听过课之后记了笔记，但没能坚持做完自己的 Excel 诊断表。有一位学员小涛是位创业者，因为企业经营不善负债几十万元，已经濒临破产。现实迫使他必须学以致用，梳理、重整全部财务情况，所以他有针对性地报名了我的课程。

在辅导员的帮助下，小涛无比艰难地填完了全部信息表格、一个个计算出财务比率、马上调整最危险的债务比率。两个月后我收到小涛的信息，他每个月的还款已经从近万元的短期高息贷款降到了几千元的低息长期贷款，业务的周转越来越顺畅，生活也在一点点变好。

学习的效果不在于你工作或学习了几个小时，而是在每个小时你都学了什么，能不能应用在实际的工作和生活中，让你收获价值、成长进步？

（3）读书，是穿越时空的学习

不要指望人生会出现一位陪伴一生的导师，始终指引你的前路。要从不同的人、不同的书籍、不同的阅历、不同的故事中，去获得不同的领悟。如果你身边没有触手可及的榜样，就去读好书。当你翻过书页时，书的作者可以穿越时间和空间，和你面对面坐着、交谈、微笑甚至拥抱。读书是一个人最简单的学习方法，甚至没有之一。

我再繁忙都会保持一个习惯，就是定期去书店挑书。有段时间每周都出差，我在机场时总是争取去机场书店，花 5~10 分钟选一两本书，带到飞机上去读。因为工作很忙，我一般都是坐深夜的航班。我记得有无数个深夜我都在飞机上的阅读灯下读书，那安静的几个小时，就是我的灵魂和外界去沟通的时间。

几年前我负责一个大项目，每个周日晚上要飞到北京，参加周一早上 8 点的项目会。再日夜不分地工作几天后回香港，下周日再出发，基本上连续两三个月一直是这样的双城状态。

有一次我周日中午出发就开始迷茫和低落，在机场书店里买了一本书，是一个女孩子分享通过跑步战胜抑郁症的心路历程。书的内容并不深刻，作者也不出名，但我看着她分享自己走遍世界参加马拉松，从中找到了自信、快乐和人生的意义，特别为她高兴。

　　我读完书下飞机的时候，感觉到自己站在一个更高的地方望着现在眼前的这些工作。这些疲惫与迷茫都只是当下生活的小插曲，未来我也可以创造更大的可能，我也可以写一本书，让另外一个完全陌生的人得到力量和意义。那个理想从此种在我心里，在几年后的现在，它成真了。

　　读书是在别人思想和知识的帮助下，建立起自己的思想和知识。我们夫妻奋斗和创业的这些年，读了很多书。有些书让我们的思维升维突破，从打工到创业，从点到面，顺势而为；有些书让我们的财富投资有了原则和方向，在市场的波动中不贪不急；也有些书教我们在复杂的社会中辨别人心，让同频的灵魂互相吸引、互相成就。

　　人生没有地图，只有灯塔，而好书就是我们的灯塔，在远方指引我们。每一本好书就像一艘船在时代的波涛中航行，带领我们从狭隘的地方驶向无限广阔的海洋。世界很大很大，我们所处的只是其中一个很小的角落。永远要有敬畏之心和求知之心，这样才能够不断地去突破时空的限制，看到更广阔的世界与可能。

2.3

拥有生活智慧才能走遍天下

　　在现实生活中我们碰到的各种问题和在学校里预先设定的

考试完全不同，因为生活中变化的数量和速度之快，以及人生给你的考试和挑战都是无法预期的，我们永远不知道何时会遇到问题，也不知道是哪方面的问题。尼采说过：世界上存在两种知识，一种从学校、报纸和书本中获得，称为理论或者知识；另一种从生活的直接体验和个人探索中获得，是通过个人观察发现并总结的经验。在这两种类型的知识中，经验常常能带来更多的收益。比如，近期冰激凌销售量上涨的统计数据对冷饮生意很有用，但如果能了解到地处百老汇角落的冰激凌店年销售量翻了一倍的经验，对商业决策将更有帮助。

我心中所认为的生活智慧来源于以下 4 个重要的能力。

1. 反脆弱的进化能力

在我近 10 年的白领工作中，最难忘的是目睹一位勤奋工作近 20 年的高管被裁，人力资源部经理走进他透明玻璃的办公室，当场通知他立即离开。失去工作的瞬间，高管人员比普通员工更意外、悲愤和落寞。《反脆弱》一书说道：当你拥有更多东西导致失败的成本更高时，"黑天鹅"事件总会与你不期而遇，这危险将是无声无情、突如其来、很难被察觉的——大部分被裁的人在接到人事部电话时会大感意外。

大部分人都渴望稳定与安全，害怕变化。但如果以五年或者十年的维度来评估，能够严重影响你的随机事件必定会发生，只有变化才是永恒的。对一个人来说，最重要的不是获得多少暂时的财富、地位、权力，而是能否不被变化淘汰，反而变得更强。

当暴露在压力、混乱、风险和不确定性下时，反而能茁壮成长，这就是反脆弱性。它超越了复原力或强韧性，复原力能让事物抵抗冲击，保持原状；反脆弱性则让事物变得更好。

培养反脆弱性的第一点就是自由探索。想要寻找新的事业方向时，大部分人都只会在固有的社会层次和稳定的社交圈子里寻找机会，而我从来不会设限。当绝大多数白领都觉得保险行业不够体面的时候，我花两个月约了十几位保险行业不同级别的网友喝咖啡，采访他们为什么去做保险，这个行业需要什么特质，最终确认了行业的潜力和反脆弱性。

每个人固定的工作和圈子就像围墙，围墙外的世界也许很陌生可怕，但同时充满了前所未有的机会。如果你选择了离开围墙进入更大的社会，你会看到外面确实有很多骗子和恶人，但也会有更多勇士和英雄。

培养反脆弱性的第二点就是适应环境的变化、在压力下保持开放的心态和竞争力。我已经离开银行创业六年了，很多朋友羡慕我的自由，也有人担忧这一行收入不稳定。我不怕逆境，它反而能引导我看清市场趋势，寻找更合适的策略。2020 年全行业收入减少和环境变化为我传递了宝贵的信息，促使我和先生更新技能、转型谋出路。

分享一个适应变化的思维：当你遇到变化的时候，试着凭借对环境、资源、现有条件的观察，想出至少 3 个解决的办法，这会帮助你培养出更灵活、开放和创新的思维。有了第 3 个解决办法的人，很快就能找到第 4、第 5 个甚至更多的办法，会有更多的选择。

风能熄灭蜡烛，却会使火越烧越旺。也许有一天台风会摧毁你的围墙，让你不得不离开围墙内安全的小世界，看到外面的人在无惧风雨、随风起舞。我曾经在象牙塔和金字塔的安全与光环中生活，却从不后悔跳出围墙、跃入江湖。我再没有一个老板按时发工资，我的命运也不受任何平台或领导主宰，我的时间由我自己决定，我的背后是五湖四海、成千上万的客户，这才是真正的稳定与安全。

2. 拥有积极的自我效能感的能力

一位德国学者曾经采访过 45 位超级富豪，试图探索出他们的人格特征和成功之间的关联。其中有一个性格特质——"自我效能感"基本上是创业成功的预言器，这个特质是指一个人对自己在特定环境下是否有能力得到满意结果的预期。自我效能感高的人会觉得一定能做好这件事，不管它有多难；而自我效能感低的人会觉得自己做不到，有很多困难。

我是一个会自发培养自我效能感的人，告诉大家一个小秘密：2003 年我上大一的时候，英文水平极差，头几次英文考试都是全班倒数几名。从那时起，我枕头下面就一直放着一本新东方英文补习班的小册子。每当我很累很迷茫的时候，我就拿出那本书看一眼。它的封面写着一句话：从绝望中寻找希望，你的人生终将辉煌。新东方精神一直鼓励着大学时代的我，"从绝望中寻找希望"，这句话陪伴着我读了英语系第二专业、通过了英语专业八级、托福和 GMAT，去了大洋彼岸。直到现在，它已经刻进了我的灵魂和血液中。

如果你觉得外界困难重重，自己的努力无能为力，那么我分享一个公式：

意愿（？ %）+ 方法（？ %）= 结果（100%）

你觉得意愿和方法，各占最终结果的百分之多少呢？

意愿（20%）+ 方法（80%）= 结果（100%）；

意愿（50%）+ 方法（50%）= 结果（100%）；

意愿（80%）+ 方法（20%）= 结果（100%）。

你想知道最终答案吗？这个答案我在一个职业成长课上，花了大概 1 个小时的真人实验才得到。教室里有 80 个同学，老师让所有人从教室一头走到另一头，不允许任何两个人用同样的姿势和方式，如果没有做到会有惩罚。当时所有人都惊呼不可能！

最后我们每一个人走了 3 个来回，240 次没有一个人用同样的方式。有人倒退着走，有人爬过去，有人跳过去，有人滚过去，还有人拜托别人背他过去。我是一次跳着舞过去，一次走模特步过去，还有一次假装开会一路和两侧观众握手过去。大家特别欢乐，爆笑不断。最后，老师在黑板上写下一个公式，我这辈子绝对不会忘记：

意愿（100%）+ 方法（0%）= 结果（100%）

老师说：结果 100% 取决于你的意愿，只要你真的想从 A 点到 B 点，你一定可以找到方法把它做好。如果最后没有做到，问问你自己的初心，你一定不是真的想要。之后很多次当我觉得不可能做到一件事的时候，都会想起这个公式。

黑石集团创始人之一苏世民说：我们今天建立的机构，创设的项目，打造的人际关系网络，源于我竭尽全力的拼搏和永不放弃的意志，我拒绝接受成功以外的其他选项。我在很多成功人士的文章中看到过这个拒绝说"NO"的信念，澳门赌王说过一句类似的话：我一辈子不听"NO"这个词，一定要搞到"YES"为止。

史蒂芬·柯维在《高效能人士的七个习惯》一书中，曾提过一个对实现结果很有帮助的概念：以终为始。从最终的结果出发，从终点倒推过程，寻找关键因素，分析对策，采取策略。把关注的重点放在想要达到的目标上，想怎么达到，而不是看到障碍。

如果你依然缺乏自信和做到的力量，可以和我一样在励志书籍里找到能激励你的座右铭，和正能量的圈子互相赋能，最重要的是：你想要什么人生，就去和什么样的人接触，他们的体验会很容易地感染到你。

如果你想要创业，却去咨询那些认为打工才是正道的人，他们只会告诉你创业不如打工来得安全。最好的学习方法是和学霸待在一起。自我实现的预言其实大部分都是对体验的提炼和总结。如果你想要更积极，就需要寻找机会，给自己制造机会，体验到那个更积极的预言。

3. 逆商：不怕失败的成长性思维

在 2010 年实习的时候，一位同事小薛给我留下了很深的印象。他和工作三年的我年龄差不多，却只是第一年当分析员，比其他同级别的同事都大 2~3 岁。一次小薛在聊天时说，当年大学实习的香港投资银行因为他普通话不够好、无法胜任内地项目而拒绝了他，他一咬牙在毕业时申请了一份北京的普通金融工作，在三线城市做了两年基层项目，练就了一口流利的普通话。两年后他重投简历，终于回到了香港投行，从第一年分析员做起。

其他同事问小薛："你晚了两年多进来从最低级别做起，后悔吗？"他笑着说："一点都不，每个人起点不同，我这两年在基层的锻炼太值得了，现在的收入和前景好太多了！几年前和我一样没拿到工作机会的朋友们，现在都还在蹉跎和抱怨。"

大部分人受的教育都是从成功到成功，但人生中一定会有失败和挫折，为什么有人越挫越勇，有人却一蹶不振呢？我从不羡慕少年得志的人，最敬佩的是有"逆商"的人：拥有乐观面对挫折、摆脱困境和超越困难的能力。我在生活和书籍中也一直在寻找培养"逆商"的奥秘，《坚毅》一书中的这段话给了我完美的答案：

乐观主义者和悲观主义者一样都会遇到负面事件，二者的不同之处在于对事件的解释：乐观者会习惯性地寻找导致痛苦的暂时和特定的原因，对应的是"成长心态"，因为"暂时""特定"的原因都是可以改变的，完全可以通过努力和尝试来去除。而悲观者对应的是"固定心态"，总结失败的原因都是永久和普遍的，个人的努力和能力基本没用。

2019 年，我和先生已经想做强个人品牌，因为粉丝的增长和网络影响力达到了平台期。我在网络上不断寻找短视频商业公司，花了 6 位数字的财力去学习和合作，最终却没得到理想的结果，一年的努力与尝试以失败告终。我和先生没有气馁，发现不合适马上止损换合作方，发现别人拍的视频效果不好，就自学写文案、拍视频。如果 2019 年没有经历过挫折、反思和成长，

2020 年我们就不会有勇气进入不熟悉的短视频领域，自己闯出一片天。

从固定心态转换到成长心态，我有三个小建议：

第一，陈述句改成疑问句。当你遇到挫折时，不要用陈述句暗示自己没有做好或失败了，而是用疑问句自问：我得到了什么教训？我可以做什么来改变现状？下一次如何做得更好？这短短几句话背后是完全不同的思维和力量，因为这两句话中一句是否定的陈述句，说完之后代表着结束和逃避，也许你不会再思考了；而另外一句疑问句，会让你下意识地去反思和想办法。

第二，放弃受害者心态，换成我对此负责的心态。当你遇到问题时，千万不要认为自己是受害者，是别人或外界造成的。无论发生什么不好的事情，我的第一反应都不是抱怨外界和自怨自艾，而是平静地说："我为这个结果负责。现在我可以做什么来改变现状？"

第三，加入一个拥有强大文化和坚毅品格的团队或者企业，团队文化和成员双向影响，有助于成员塑造自己。这就是社会科学家吉姆·弗林所说的"社会乘数效应"，一个坚毅的人能让周围的人也变得坚毅。在我的团队里，每一位同事虽然背景和资历千差万别，但是品格都乐观坚毅、热情互助。

能够定义你个人品质的，永远是在逆境中展现的百折不挠的精神和永不言弃的态度，而不是逆境本身。学会如此应对失败和挑战，比成功更重要。抱怨别人和找外部原因，永远比自己承担责任和付诸行动容易和好受得多。但是前者只会让你一路下滑，而后者这短暂的痛苦却能让你破茧高飞，一路向前。

4. 用想象力描绘远大目标

2008 年我还在上海，不喜欢做审计工作想改变命运的我，在烈日似火的夏天拼尽全力，用单薄的资历去申请美国 MBA。当时我别说出国，连香港都没去过，身边一个可以请教经验的 MBA 毕业生都没有。我唯一的体验就是一场校友面试，使我见识了让我仰视的顶级咨询公司和 MBA 校友。

当我日复一日在狭小的出租房里汗流浃背地做题时，我不断告诉自己：你是做大事的人，你要去更大的世界。每天上下班路上和学习间隙，我都不断回忆那座写字楼、咨询公司前台亮闪闪的 logo 和学校名字，幻想我自己已经去了最好的学校、站在毕业典礼的台上、出入世界一流的公司。后来像梦一样，我申请到了梦寐以求的好几所学校，其中有坐落在美丽森林中的杜克大学，纽约的哥伦比亚大学，还有后来成为我母校的宾大沃顿商学院。我心里重复了无数遍的细节和画面，变成了现实。

想要获得成功，首先要敢于设定一个非常高的目标。《富豪的心理》一书中提到，目标的困难程度和实现目标的表现是有线性关系的，拥有最高目标人的表现比拥有最低目标人的表现好250%。比起没有目标和"尽力"这样不清晰的目标，具体且有难度的目标会有助于更好的达成，因为它会让我们把注意力集中，为了实现看似不可能的目标而做出更大、更长时间的努力。就算没能成功，我们最终也必定做得比本来可能做到的要出色很多。

即便最后真的失败了，离最终的目标也会近得多。最后无非就是100分和98分的差别，但比那些还在0分毫无行动的人，好上无数倍。

其次，要清晰地列出目标，使之具体化、画面化。建议把你未来想要的生活写出来，画出来，最好找到图片打印出来并贴在本上或者墙上。

日本实业家熊谷正寿写的书《记事本圆梦计划——做你想做的自己》中提道：对梦想只是说"我想做"，效果就会减半。要尽可能地把你的梦想列出来，使之具体化和画面化，仿佛伸手就能摸得到，会大大激励你去实现的热情。如果你想拥有自己的房子，最好用数十个指标具体化你心中理想的房子模样：市中心、宽敞浴室、白墙木地板等。如果在街上看到向往的进口车，这位企业家会假装拥有这台车的样子并和它合照，然后把照片贴在记事本上。如此一来，梦想就真实地出现在生活中了。

很多做出伟大成就的人都是拒绝眼前的短期满足和诱惑，在黑暗当中靠信念坚持下去的。而信念基于对未来前景的想象。想象力强的人能够把未来的前景看得很大、很具体、很明确，心里能清楚地描绘出未来的每个细节。放弃眼前的短暂舒适，换来的将是未来那一座城池。

压力都是信息，失败比成功更珍贵，被欺骗过才知道谁是真朋友。抱着开放、好奇和学习的心态去面对不同的境遇和挑战，就会看到别人看不到的机会。这就是真正的生活智慧：每个人都是我的老师，每件事都会让我更强大。

2.4

财商智慧步步为营

虽然我曾经收入很高，但没有时间和精力去管理自己的财富。在巨大的工作压力下，我经常逛一次街就狂买好几条项链、几十件衣服，好几个月都不看自己的银行账户。2015 年年底我考虑辞职创业时，才在先生的帮助下仔细看了我的财务情况，我惊恐地发现：

工作几年，我的银行账户里只有 3 万元存款，还背负了 900 多万元房贷和税务贷款。每个月收入 10 万元，但是光还银行贷款的支出就已经超过 8 万元。如果银行突然间把我裁掉，从第二个月开始我就真正地破产了。因为贷款属于员工房贷，辞职时必须还给公司近半的房贷，负资产的现状导致我差点把房子贱卖还债。重整财务状况的艰辛就像当头一棒，我意识到虽然我是高薪的金融专业人士，但收入不等于财富，帮企业管理财务的专业人士也不一定会管理自己的财务。

财商就是管理金钱的智慧，高财商的人拥有健康的财务状况，我列举几个衡量标准：

有能力独立维持生活，账上有足够的存款应对暂时的危机；

有合理支出和储蓄的习惯，会整理自己的财务情况；

有应对各种风险的充分保障；

有稳健的理财投资能力，能够保值和增值辛勤劳动换来的收入。

巴菲特说过一句话，不能管理好自己情感的人，肯定无法管理好自己的资金。很多投资专家说，关于财富最重要的学科不是会计学或者经济学，而是心理学。

1. 关于财商：1 个公式与 4 个"不要"

对于财商的概念，我从自己的教训总结了一个公式和4个"不要"：

财商 = 金钱 $\geq \gtrsim$ （智商） + 金钱 $\neq \gtrsim$ （情商）

4个"不要"

不贪　不迷　不急　不比

（1）财商 = 金钱 IQ（智商）+ 金钱 EQ（情商）

金钱智商不是聪明，而是正确的思维框架和投资决策。

金钱情商不是精明，而是对金钱有健康的心态、良好的关系。

（2）4 个"不要"：不贪、不迷、不急、不比

❽ 不贪，就是现在财务越不安全，越不应该贪婪地考虑高风险的投资。

在现实生活中大部分人是有赌徒心理，反过来做的。他们越缺钱越想一夜暴富，就越会被其他人影响，去买看上去很好而实

际上却是骗局的产品。很多人把这一辈子攒的养老金全部都投入到某只有内幕消息的股票、炒外汇、P2P 中，妄想在一两个月内就能够翻本。

❯ 不迷，就是不要当局者迷，从众盲从。

人性有很多情绪陷阱和心理弱点，例如，一个人会在坏股票里越套越牢，明知错了却舍不得止损，就是损失厌恶：人会认为只要不止损，损失就没有确认，事情就可能变好。但是往往结局都是把小的损失拖延成大的损失，最终血本无归。知道做错了，止损是真本事，迅速把自己的实践能力和金钱转向对的投资机会。

❯ 不急，切记财不入急门。

很多人容易一时冲动，把全部家当投进一个看上去很美的投资机会，期待在短时间里一夜暴富，结果往往是一夜暴负。捷径往往是陷阱，不要做着急的投资者，要和时间做朋友，坚定持有真正有长远价值的资产。送给大家一句话：慢慢来，比较快。

❯ 不比，不要和别人比较，因为投资完全没有可比性。

每一个人的情况和偏好都不一样，和别人比较往往是悲剧的开始。理财和资产配置是非常个人化的，永远没有通用的理财模式和方法，人人都需要学习。一笔投资可不可以投，别人可以提建议，但适不适合投，只有你自己最清楚。

2. 谈到创造财富，你首先需要自问的两个问题

（1）谈到金钱，你的第一反应是什么

我们夫妻不算幸运，因为我们的父母虽然善良、学历高、勤

奋努力，但管理金钱的能力几乎为零，他们奋斗一生，一无所获。我们从小到大的家庭和生活环境中，家人经常觉得谈钱很俗气、赚钱很辛苦。我没有承接父母的资产，甚至还被植入了很多关于金钱的限制性信念，脑海里是低版本的财富思维。

你从小到大形成的思维会影响你的行动。如果你身边的人都在给你灌输对金钱的负面概念，比如有钱人都很贪、暴发户穷得只剩钱了、有钱就变坏等，就要停下来重新想一想。也许你非常努力地工作，却始终没有办法挣到足够的钱，就是因为你行动上在挣钱，但是其实你内心是恨钱的。这就像电脑里的木马程序，一定要自己努力去清除。赚钱也可以很快乐，用天赋创造财富，画出正向的财富蓝图。

在我进入保险行业之后，很多人讽刺地说："就是为了赚钱！"是，也不是。创造财富的过程并不一定肮脏，暴发户也不都是为富不仁。财富不会让一个善良的人变得自私，而会放大一个人原本的品质。乐于助人的人拥有财富，会分享和帮助更多的人。在我看来，每一个用双手和良心赚钱的人都值得尊敬，每一个人都应该努力让财富配得上自己和家人的梦想。

（2）你的人生中有没有引导你财商的教练或者朋友

学校教育是不会教我们财商的。有很多人学习游泳或打球都知道付学费去找老师，甚至付高额的学费去找 1 对 1 的教练，却几乎没有人有意识去花钱找培养财商的教练。能够有意识去寻找带给你能量、改变你人生的人是非常重要的，一位日本知名作家访问了不少幸福的有钱人，发现他们身边都有引导他们的人生导师。

每个人都需要一位财商教练。我先生是我的教练，帮助我从

2015 年负资产和高负债的低谷中一步步走出来，他推荐给我的《富爸爸穷爸爸》这本书和教我做的个人财务报表，永远改变了我对钱的认知和态度。而他自己的金钱教练是一位年轻时的同事小钱，教会了他"让钱帮你辛苦工作"的概念。

小钱在 2009 年全球金融危机中，利用适当的杠杆投资了很多现金流强的房地产信托等资产。他的投资组合当时每年最少能带来 8 万美金的被动收入，30 岁出头已经不需要工作，仅投资利息就实现了生活的现金流自由。我先生在小钱身上学习了价值投资的思维：如何在市场波动时冷静分析局势、运用合适的杠杆、锁定能提供现金流的优质资产。他和小钱的友谊持续到现在，2020 年 3 月底美国市场熔断 4 次，他们两人每天晚上讨论投资策略，看准机会投资了不少值得长期持有的优质资产。

在致富的过程中，优秀的引路人和好朋友是非常重要的贵人。你可以试着回忆：如果遇到有关钱的困惑，你第一个想到的是去问谁呢？那个人对财富是什么态度？是不是一个在商业上成功、金钱上富足、生活中快乐的人？试试看你能不能写出来 5 个能给你提供好的建议的金钱教练或者朋友的名字。

无论如何都要好好珍惜和你一起走向富裕之路的导师、教练和朋友，他们不仅会给你的人生旅途增加乐趣，也是你的生命中获得的最棒的财富和礼物。财富不仅是钱，也是爱、健康和自由，更是笑对人生、破局创造的思维与能力。

很多人都以为成功的人生是一条根正苗红的主流道路，只要沿着金光大道走就是标准答案。其实通往成功没有一条适用于所有人的正确道路，而只有一片苍茫的沙漠，你要自己在沙漠中闯出一条路来。

成长比成功更重要。后者是一个个点，就像旅途中一座座里程碑，人生列车开过去，就过去了。而成长是一生的旅程，我们能生在大国崛起的和平时代，用青春热血去创造人生，是多大的幸运。我们该如何发光贡献，传递这份幸运呢？

这一路要记住最重要的：能承受失去，敢重新创造。心有所信，方能行远。拥抱时代，不负韶华。

第三章

THREE

描绘你的人生财富蓝图

画出事业的第二道彩虹：永远进化的 S 型曲线

我在网上看到过一个有趣的问题：如果一个普通人突然幸运地拥有了数千万或者上亿的钱，他能够守住自己财富，并且带领家族持续增值财富的可能性有多少，你能猜出一个百分比吗？很多人猜 30%，50%，70%，但在实际生活中，能持续创造财富的人，可能不足 5%。

我见过一位上市公司的早期员工，公司上市后拿了上千万美元。她说当时同事几乎在各大外资银行开了私人银行账户，到现在近十年过去了，大多数人的财富没增值多少，还有不少人账面亏了。更可怕的是很多人手里有钱就野心勃勃去创业，或者往各个自己不熟悉的领域投资，不仅亏光手里的资金，甚至还欠了债。

有句玩笑话说，曾经毁掉拆迁户的方式是酒色财气和赌博，那么今天毁掉暴富白领的就是投资创业加做生意。绝大多数人一生靠有限的工资或兼职收入谋生，他们自己最引以为傲的专业技能，只是整个商业和财富版图中的极小一部分，他们并不具备驾驭财富的能力。

假如思维没跟上，就无法守住财富，更不要说谋求长期发展。有数据统计，获得彩票头奖的人平均会在 3~5 年里败光所有的钱。如果把一生的财富起伏画成一张图，那么因为运气或外部原因暴富获得一大笔存量的人就是起点即巅峰的消耗型思维。

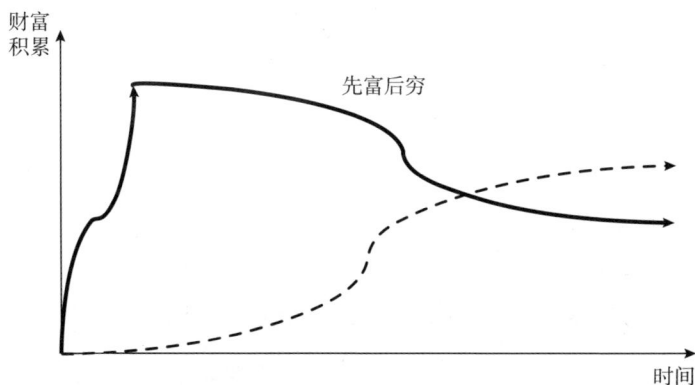

财富
积累

先富后穷

时间

死守存量，无视流量，注定会出现当下很好、未来很糟的结果，而"先富后穷"的结果往往不是一般人能够承受的。那么如果一个人虽没有暴富的运气，但很有能力用劳动赚钱呢？

来看看下图，这是一位拥有高学历且是大公司精英员工的现金流地图：通过高学历获得高薪工作→努力工作获得报酬→用报酬满足更高的生活质量，比如在高级小区租房、买 iPhone 手机和名贵包包、上下班打车→升职加薪→工资先缴纳高额的税费，再购买房产、昂贵的车子、还高额的房贷。你赚得越多，需要支付的账单就越多，这就是帕金森定律：不管收入如何增加，你的支出都会跟着变多，挣钱的速度追不上金钱的逃逸速度。

财富
积累

坐过山车

时间

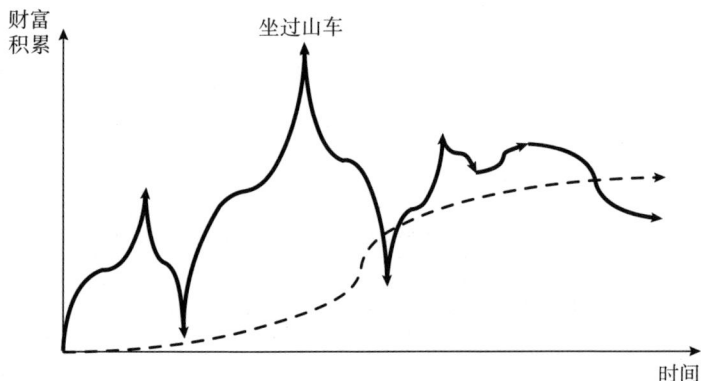

这就是像过山车一样起起落落的人生财富蓝图，曾经的我也是这样的。这代表"月光族"的消费习惯、短视的财富思维。创造财富、守住财富和增值财富是完全不同的几件事，很多人终此一生，也没有好好考虑过其中的任何一件事。

1. 一条人生原则

我想告诉你一条人生原则：财富是流动的，外界环境也是不断变化的。所以不能仅仅用存量或者流量的思维去看待财富，必须转化为持续增量的思维。

持续的增量就是在任何一段时间里，金钱的流入量都大于流出量。开源和节流同样重要：会赚钱，会用钱，会留住钱，会钱生钱。如果你获得了持续的增量，也就超越了财富的逃逸速度，你的未来就会越来越充裕。

大部分人穷尽一生无法逃脱生活的瓶颈，其本质原因是他们研究了一辈子细枝末节的知识。普林斯顿大学心理学教授埃尔德·沙菲尔在他的著作《稀缺》里把这种现象称为"管窥"，就是每个人因为生活的种种限制，就如同从管子里看待世界，只看到自己想看到的很小一个点，而且因为太过于专注，所以对周围的所有机会都漠不关心。例如，一个上班族天天想的就是自己的加班费、年终奖，而漠视其他机会或者风险。管窥的好处是可以聚焦眼下最紧迫的事情；但同时带来的坏处是缺乏长远的构建和计划，也没有跨行业、多样化的思维和技能，无法突破阶段性的瓶颈。

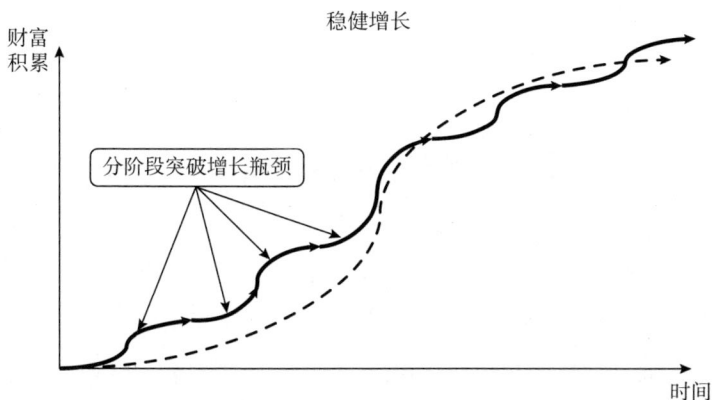

这张图就是理想的财富增长蓝图，也是我和先生用这十年时间亲身践行的地图。

2. 突破人生瓶颈的秘密

我们夫妻各自经历过好几次金融危机、从高速增长到逐渐放缓的行业周期，也转型突破过好几次行业和人生的增长瓶颈。在我看来，不断突破人生瓶颈的秘密就是：不要戴着近视眼镜，只看你眼前的路，要站到高处才能看得更远。居安思危，未雨绸缪，搭桥建路，活在未来。

（1）居安思危，未雨绸缪

迪斯尼 CEO 说：科技的发展终将会淘汰老旧的商业模式，你可以选择哀怨伤怀或尽一切努力维持现状，也可以拿出比竞争者更胜一筹的高涨热情和创意，努力理解和接受新的格局，过去已逝，未来才是重点。

时代和市场都在巨变，拿着旧地图肯定找不到新方向。2020 年年中，有一位同事来办公室提出要无奈离职，她的眼里充满歉意、泪光闪闪。她说在市场好的时候对未来踌躇满志，疫情和封关之后才发现无法承受零收入和不确定性，也对自己应对未来的能力没有信心。

我提醒大家小心"虚荣指标"，就是看到一切很好、业绩数字在上升时，就认为自己一定在进步。过去的成功建立在过去的市场情况和增长引擎上，当增长放缓或者市场突然发生变化的时候，如果没有培育中的后备业务提供新的增长来源，危机就会出现。

英国管理大师查尔斯·汉迪所著的《第二曲线》中讲道，这个世界上无论是动物还是人创造的产品，最终都难逃生命周期的自然规律，经历从诞生、成长、衰退到最后结束的 S 型曲线过程：

❧ 投入期：投入高于产出的时候曲线向下，就像孩子需要金钱、时间、教育培养；

❧ 成长期：产出比投入多时，如果一切运转正常，曲线会持续向上，就像孩子长大走进社会，开始创造价值；

❧ 巅峰到衰退期：到某个时刻将不可避免地达到巅峰并开

始下降，就像一个人的技能老化不再被需要，逐渐被社会淘汰。

一切事物都逃不开 S 型曲线，唯一的变数是曲线的长度，下降时间通常可以被延迟，但是不可逆转。然而人类可以通过不断的创新来可持续发展，在第一条曲线之外创造新的曲线。

我自己经历过 4 条 S 型曲线：第一份工作工资从几千到一万增长的同时，投入时间去培育第二条曲线，通过留学深造而跳跃到第二条曲线，获得年薪百万的工作；在职业前景放缓的时候，再次付出巨大努力去培育第三条曲线，不依赖平台的个人品牌创业之路；在建立团队、业务模式趋于成熟时再次提早布局，2020年新冠肺炎疫情下逆势破局，生长出知识付费 + 短视频博主的第四条自媒体创业曲线。

往往在第一条曲线还处在上升阶段时，我就已经开始启动第二曲线，这就是《左传》中说的："居安思危，思则有备，有备无患。"在现实生活中，为了向前发展，有时彻底的改变是必要的，这意味着开辟一条与当前完全不同的新道路。

（2）搭桥建路，活在未来

亚马逊公司创始人贝索斯把西雅图亚马逊总部大楼命名为第一天（Day 1），大楼到处都是第一天的标志，让进入大楼的每位员工都知道这是自己的第一天，是贝索斯的第一天，也是亚马逊的第一天。每个人都希望自己能达到人生巅峰，但贝索斯认为：你达到人生巅峰的那一天，就是你要下落的那一天，我们永远要在起点而不是巅峰。

总有人会问：一切都很好，为什么要不断成长和改变呢？这样活着累不累？

　　我曾经陪一位新上任的领导开会，他意气风发地对我讲他的职业宏图规划："我现在就等我的直接上级这一两年升到全球总监，我就可以接替他的亚洲总监位置啦！"他自豪地表示，他的事业一帆风顺、收入极高，所以妻子从未外出工作，正在读艺术学的博士。他每次出差都会买几件贵重的艺术品带回去送给妻子。

　　一年之后再见，他的精气神儿没有了，勉强保持着微笑。原来公司考虑撤掉整个业务线，他的老板已经离职，他说自己随时准备着被裁："这几年市场不太好，不知道我这么高的职位，还能去什么地方。最麻烦的是我太太要开始找工作，她从来没工作过。但是没办法，人生到了后半场，总有很多事情是你没想到但又必须面对的。"

　　被裁员或者离婚往往是某些人被迫开始第二曲线的触发因素，当危机迫在眉睫时改变确实更容易被接受，但往往有点晚了。资源的枯竭和时间的紧迫，会使得情况很被动、改变更难实施。第二曲线必须在第一曲线达到巅峰之前就开始增长，只有活在未来、提前筹备，才能有足够的资源、金钱、时间和精力承受第二曲线投入期最初的下降。

　　人生的每一条 S 型曲线都是跳跃向上的，我们要自己搭起桥去连接。在我申请 MBA 的时候，受益终身的思维方式来自最重要的那篇申请论文：你理想的职业目标是什么？为什么 MBA 会帮助你实现这个目标？这个思路可以帮助我们来准确评估自己的现状和未来，并想办法在现在与理想之间建起一座桥梁。

　　你可以列出三列内容，最左边一列是我们的现状和现在拥有的，最右边一列是未来想要达成的梦想和目标，中间这一列就是现状和梦想的差距，也就是我们要搭的桥、要走的路。

现状	桥梁	梦想和目标

接下来问问自己：我需要获得什么新事物才能实现目标？我是否需要为更大的未来而放弃一些现有的事物？哪些技能和资源我可以自己学习和寻找？哪些不属于我的能力圈，我可以去哪里借力，寻找能帮助自己的人和事？

我是一个永远活在未来的人，无论现在多么顺利，我都会想得更远一点，每年年底我和先生都会坐下来讨论：

❥ 今年表现如何，明年市场会怎么样？应该做什么才能持续增长？

❥ 明年战略上应该如何改变才能保持竞争力？

❥ 3 年、5 年之后的目标是什么？哪些领域要开始提前研究和投入？

正是超前的危机感和创新意识，让我放弃高薪的白领工作重新创业，和先生承担巨大的投入建立个人品牌、培养团队文化、尝试不熟悉的知识付费和短视频领域、建立可以自循环的系统与商业模式。活在未来的人一定比活在当下的人拥有更多的财富，而真正的安全感其实来自于人对未来的清楚思考。

一个持续向前、永不陷入绝境的人生，绝不是随波逐流地生活，而是用积极的思考指引行动，不断在现状和可能性的鸿沟间架起桥梁。一座座通向未来的桥梁，就是你事业的第二、第三、第四条如彩虹般灿烂且丰富的 S 型曲线。

3.2

99.99% 的人没有做过的人生资产负债表

我在财富课程中经常教学生如何制作自己的资产负债表，很多人学会了计算自己现在有多少资产、多少负债，是不是资不抵债等。但是 99.99% 的人没有试过，如何为自己整个人生画一张资产负债表。

1. 人生资产负债表

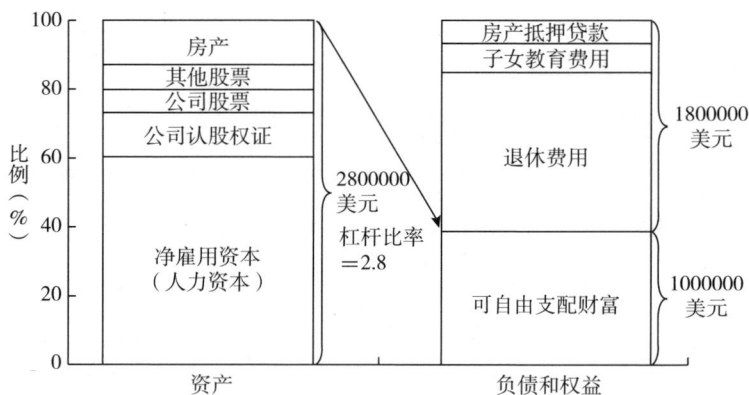

　　这张图来自《新财富管理》，图的左边是人生资产，除了通俗意义上你现在所拥有的房产和股票、基金、现金等实际资产，最大的一部分是现在看不到的隐含资产，也就是你在自己能力圈内，用知识和能力在一生创造的全部财富。

　　这张图右边是人生负债和权益，除了能整理列出的房贷、车贷、信用卡和个人债务等实际负债，最大的一部分也是很多人没有意识到的隐含负债：未来肯定要花出去的钱，包括退休费用、子女教育费用等。

　　你该如何对照自己来思考这张图呢？首先刚开始工作的时候，你和大多数人一样几乎没有任何资产，靠的是出售体力、时间和技能，也就是你的"人力资本"。收到工作的报酬后再转化成不同类别的资产，比如现金存款、股票基金、房子等"财富资本"。如果你的人力资本创造的价值越来越高，转化成的财富资本也会越来越多，而这个过程叫"人力资本"向"财富资本"的转化，也就是人赚钱。

　　随着年龄的增长或技能的老化，你的人力资本大概率会不断下降。如果在人力资本消失变成0，也就是退休或失业之前，你没能用自己的能力转化成足够的财富，就陷入了"资不抵债"的破产阶段，创造和积累的人生资产覆盖不了你一生要承担的人生负债。而你一生创造的资产如果比负债多很多，就代表你有更多可以自由支配的财富，不怕退休、失业或疾病等风险。

　　❷ 现在资产 + 隐含资产（未来几十年人力资本创造的财富）=人生资产；

　　❷ 现在负债 + 隐含负债（未来几十年要花出去的钱）= 人生

负债；

❯ 人生资产 > 人生负债，有可以自由支配的财富；

❯ 人生资产 < 人生负债，资不抵债甚至破产。

2. 客观的自我认知

拥有一个丰裕人生的关键就是有客观的自我认知，在人生各个阶段培养不同的能力：

（1）尽快提高自己的人力资本，用不被淘汰、不断成长的能力创造更多价值；

（2）把劳动所得转化成财富资本，从"人赚钱"到"钱赚钱"；

（3）合理投资和分配财富，创造更多的人生资产。

《史记·货殖列传》中有一句话：无财作力，少有斗智，既饶争时，此其大经也。我用自己的话提炼一下，就是培养不同能力的三个人生阶段。

❯ 无财作力：努力劳动，创造财富；

❯ 少有斗智：升维认知，经营财富；

❯ 既饶争时：顺时而为，增值财富。

在人生初期还没有财富和积累的时候，最重要的事是努力劳动、创造财富，不要想着走捷径，先把自己的能力卖出更高的市场价格。我在 2006 年大学刚毕业的时候，税后月薪只有 3000 多元人民币，每个月光房租和吃饭就花得所剩无几了，在高消费的上海生活得非常狼狈。我当时想的就是一件事，全力提高自己的市场价值。2009 年我去读 MBA，2011 年毕业之后年薪翻了十几倍，从 10 万元人民币到 100 多万元人民币，向市场证明自己的价值，把单位时间卖出更好的价格。在这个阶段，要集中起全部的力量精进专业能力，一个人的专业程度、精力集中程度和经验累积程度会在很大程度上提升工资收入。

等到工作经验更多时也积累了第一桶金，稍有财富之后就要"斗智"，凭智慧去经营，发展自己的认知。除了学会投资理财、保护自己辛苦赚来的财富之外，也要思考事业未来的新曲线在哪里。我工作几年之后，工资的增长和技能的提高都进入了缓慢的瓶颈期，按部就班、升职加薪。同时我一直在观察成长更快的朋友，出差休假之余我会向他们请教：为什么会选择这个领域创业？你所在的行业为什么收入增长这么快？有什么机会是我没有看到的？

我一直感谢一位学妹小李，她 2008 年大学刚毕业就放弃外企工作去开淘宝店，之后又建立了上百人的创业团队。当时我身边绝大多数是踏实打工的人，这样不走寻常路的人极少。我很佩服她的勇气和魄力，十几年来每一次去上海我都会约她聊天请教，小李是第一个在我心里种下"生产者"认知种子的人。成为生产者而不是消费者，是这个阶段的重点：不要找工作，而是想如何给别人提供工作；不要只是去参加昂贵的培训班，而是想自己能不能去办属于自己的培训班；不要只是买别人的产品，而是自己生产一个产品去销售。

巴菲特说过，好的业绩更取决于你上的是哪条船，而不是你在多么努力地划船。赚一时的钱容易，但每个人都很难逃离 S 型曲线的衰落。想持续地赚钱就要顺时而为，跟着时代最大的趋势走。干事成事，七成靠趋势，三成靠努力，大胆假设、小心求证，先用"望远镜"寻找大趋势，再用"放大镜"来脚踏实地、验证观点。在过去五年里，我看到了财富管理行业的刚需趋势：人们的刚需从创造财富逐渐变成守住财富和增值财富，因此我义无反顾地投入，顺势而为。这两年我也看到了传统销售 S 型曲线变缓、互联网自媒体与个人品牌的崛起，因此勇敢拥抱自媒体的时代，在短期看不到收益的时候敢于投入巨大的成本。

力、智、时，代表了我们普通人成长的三个阶段，"力"的阶段要专注努力，"智"的阶段要积极思考，而"时"的阶段就需要登高望远。每个阶段不做别的，就做这件事。

3. 批判性思维

在这个过程中，我想分享的一个底层思维就是批判性思维：逆向思考、敢于质疑、不被定义。

有人鄙视我说："美国名校毕业，最后却去卖保险，真是越混越差，给母校抹黑。"我会想：为什么名校毕业就不能卖保险？谁规定了保险就是"低端"工作？成功的定义是否就是一定要穿着光鲜、工作体面？

很多人之所以一生都无法跳出自己的局限，就是因为被家庭、经历、环境、群体的标签限制了自己。决定一个人社会地位的，到底是学历、工作的外在标签，还是实际为社会创造的价值？职业选择和人生道路，没有高低贵贱。在我看来，没有卑微的工作，只有卑微的工作态度。

　　有人认为现在做知识付费早已晚了，普通人根本没有机会。我会想：到底有没有做成功的普通人呢？我会去找到这样的人，去了解他们做了什么而成功，看看我是否可以参考和学习。

　　批判性思维基于客观的认知，在你考虑任何一项决定时，可以想象自己飞了起来，在很高的地方俯视自己，从以下几个标准去衡量和思考：

　　❷ 广度深度：这个观点是可以普遍应用的，还是只代表某一个群体的肤浅偏见？你的思考是否足够全面深入，反复询问直达问题的根源？

　　❷ 清晰准确：你收集的信息一定正确吗？有具体的细节和数据可以验证吗？有没有挖掘更多的信息帮助判断？建议至少从3个不同的信息来源交叉验证。

　　❷ 时间空间：5~10年后，你的决策可能带来什么样的结果？如果你换一个地点或环境，会对你有什么影响？你所处的环境和所属的人群有没有局限你的看法？你一定要属于这个群体吗？有没有其他群体和环境给你参考？

　　越是重大的人生决策，越需要全面而慎重的批判性思考。在我看来，人生有几个决策会带来重大且长期的后果，一定不要不加思考、随波逐流。比如，选择你的职业方向、选择你的结婚配偶、选择什么时间生育、选择在什么城市生活和发展。

　　每个人一生都注定要遇到三四次巨变。没有人可以靠侥幸和逃避，保证一生能安稳、顺利。既然如此，就应该早日认清自己、看清世界，坦然面对一次次的更替和跃迁。勇者在任何一个时代，看到的都是突破的希望；而弱者在任何一个时代，看到的都是绝望的壁垒。

为自己的人生建立受益终生的底层思维，加上时间和空间这两条轴，你的生命就会建起一座大厦的水泥框架，一般情况下不会倒。

3.3

挖掘永不枯竭的多渠道收入

总有朋友问我：作为只有一份主业工资的普通人，到底如何才能开源，创造更多的收入来源呢？如果把获得的金钱比作一条条水源，很多人兢兢业业、终其一生，他们的财富之流只有一个来源，就是工资，就像串联电路。如果因为失业或疾病导致工资收入断流，没有其他的收入来源补充，就会财富枯竭、无以为继。

串联电路   并联电路

在前文我们提到，财富的来源分为两大类：

❶"人赚的钱"：劳动性收入，你的个人能力创造的财富，包括本职工资和副业／创业的其他收入；

❶"钱赚的钱"：资产性收入，你的合理投资获得的投资收

益，投资收益 = 利息（现金流收入）+ 资本增值（优质资产的长期增值，如一线城市房产）。现金流带给我们源源不断的被动收入和安全感，资本增值让我们用时间和复利的力量来超越通胀，就像并联电路。

1. 多渠道收入

一个丰盛和流动、永不会陷入绝境的人生，永远都不会只依赖一个收入来源。

无论是个人能力还是投资收益都是多样化的，以我自己的多渠道收入为例：

人赚的钱	钱赚的钱
个人保险业务收入	投资利息收入（存款利息、债券、房地产信托、基金等）
团队业务收入	房地产租金收入
知识付费收入：理财与讲书训练营、录播课程、对外讲课、图书版税	房地产出售的增值部分收入
个人/家庭财务咨询收入（按小时收费）	长期保险分红
平台合作、广告收入等	平台合作费、产品销售佣金

多渠道收入不是要拼命去做兼职用时间赚钱，累坏了身体得不偿失；也不是要各种投资都尝试，把鸡蛋放在不同的篮子里，却忘记了所有篮子都在一辆车上，一旦翻车就全没了。

2. 多渠道收入的要点

（1）建立被动收入：睡着了也有钱进来的"睡后收入"

我先生在 2014 年年初裸辞创业，整整一年没有任何收入，令我惊讶的是他不仅没有花过我的钱，资产也完全没有减少，因为他的基本生活费全部都靠资产派息支持。

很多朋友常常问：究竟我达到什么指标才不怕失业呢？我会问一个问题：你的收入全部来自"手停口停"的工资收入吗？

收入可以分为主动收入和被动收入，主动收入主要为工资和兼职的收入，就是需要我们去付出时间、体力和脑力来交换才能赚到的钱。而被动收入是什么都不用做，睡觉也可以得到的"睡后收入"，包括投资收入、出租房产的租金收入、出书的版税收入等。被动收入一天 24 小时都在挣钱，所以效率明显高于主动收入，而且随着被动收入的不断增加，增加的钱又可以作为投资的本金。

有一个大家很熟悉的"被动收入"例子，就是美剧《老友记》里的六个主演，至今每年能够从重播的联合版税里获得 2000 多万美元的被动收入。演员们不用再付出任何额外的时间和精力，这些收入都是 20 年前已经演完的电视剧源源不断带来的。就像畅销书作家，因为作品不断加印销售，所以银行卡里会源源不断地有钱进来。

衡量一个人是否"财富自由"的指标就是被动收入／每月开支的比率是否大于 1。越有钱的人对被动收入的要求越以安全为重，如果有 2000 万元的现金资产，平均年化收益率在 5%，每年就有 100 万元绝对稳妥的被动收入。很多富豪也会把全部资产放进家族信托，每年把利息固定地分给后代作为生活费。

如果一个普通人想实现工作以外的多渠道收入，就要学习创造安全的被动收入。建议你把比较稳定和持续性（非一次性）的投资收入算在里面，比如每月固定派息的基金、企业债券等。

（2）用杠杆放大，创造更多"复业"收入来源

樊登说过一句话：你要追求的是你的复业，而不是副业。副业是你 8 小时之外，仍旧靠时间获得的较低单位货币价值的劳动。复业是指你可以是老师，同时也可以是主持人、创业者、咨询师、品牌代理……打通渠道，让同一个你同时拥有不同身份，从而创造不同价值。复业就是摆脱单一用时间换钱的低效劳动，利用杠杆放大自己价值的方式。

揭开财富自由的面纱

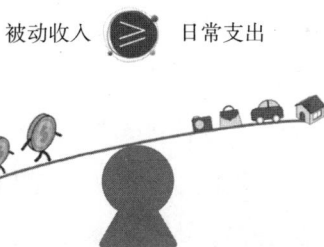

被动收入 ⩾ 日常支出

曾经有人邀请我去金融教育机构讲金融法规课，讲一上午给几千元报酬。我冷静思考：法律法规并不是我的主业，我至少要付出 8~10 天的时间来准备，这么多心血只讲一次是否值得？为什么我不设计和自己主业更相关的一门课程，在自己的平台持续讲，为自己的个人品牌添砖加瓦呢？我和先生一直在创造不受限于出售单位时间的持续性收入来源，基于以下几条原则：

第一，我自己拥有产权。很多人和大机构、大平台合作开发产品，只看到了平台的光环，却忽视了版权和产权在对方手中。不能拥有自己的作品，也不能再和其他平台合作。切记，不要为他人作嫁衣，要用知识和专业创造属于自己的无形资产，以及自己说了算、别人拿不走的品牌。

第二，一份付出可以复制更多份、让更多人看到，不受时间和空间限制。我和先生会投入一个月时间精心制作 6 万字脚本的课程，录播之后放在网上，不需要再投入时间成本一次次亲自去讲，需要的人直接购买收听就可以。

第三，建立不需要我在场也可以自动运作、创造价值的系统。一个人走得快，但一群人走得远。我和先生建立团队的过程无比辛苦，也牺牲和放弃了很多机会成本。但是一旦培训好团队，我们不在场的时候，成熟的伙伴们也在创造价值、带来收入。2020 年 8 月我们离开香港之后，完全没有影响团队的远程运营，师兄师姐自发培养新人，还夺得了几次月度的业绩冠军。

（3）丰富只是表象，专注才是核心

很多成功人士表面看上去有多种多样的生意，但背后并不是简单的斜杠和跨界。任何一个领域要想做得好，都需要长时间的积累，10000 个小时才能算专家。而我们每个人资源都有限，如果分散到各个不相关、不熟悉、不擅长的领域，你会永远挣扎在低效的初级阶段。在前几年保险行业很火的时候，很多人兼职进来尝试，最后身心俱疲。上班的 8 小时已经很忙了，下班还要去做与主业完全不同的保险业务，主业的积累无法帮助你的副业，像是脚踩两条船，哪一条都顾不好，最后两条船都快翻了，只能放弃一边。

最好的策略是把你所有的力量集中到一个主业，积累足够的经验和技能之后，找到一个核心价值，用不同的创意和方式提供给需要它的人。我和先生这些年从一个人单打独斗到建立起团队和公司，从保险产品的搭配设计到投资理财的咨询建议，再到财富思维的课程设计、自媒体的视频、文字的科普，看似不停地在跨界创新，但所有积累都像滚雪球一样互相促进。丰富只是表象，专注才是核心，我们无论身份怎么变，所有的思考和行动一直都围绕着这个核心价值：帮助每一个家庭守护和管理财富，给你无惧风险的财务免疫力，使你一生都不会陷入经济危机。

财富不是一个数字，而是流动的河流，有进有出，有涨有退。它不仅仅是线性的流动，很多时候是在人与人、空间与空间、人与时间、时间与空间之间多维度交叉流动的。财富也不仅仅是钱而已，你的智慧、时间、人脉、资源都是财富，如何调动它们产生最大的价值，是健康人生蓝图的关键。不要赚辛苦钱，要赚聪明钱：找到你基于主业的核心价值，围绕它建立有产权、成本低、可复制、系统化的收入来源，就是多渠道收入的精髓。

3.4

长期规划 + 大局观决定你一生的成就

人生的起点也许是一条小溪，也许是奔涌的大河。世界越复杂，你的起点越无关紧要，重要的是笑到最后。有人流进了沙漠，没有新的水源进入，只能静静地蒸发干涸。有人静水流深，挖深河堤，流进来的支流越来越多，最终汇入大海，海纳百川。不会有人一生中都是涨潮，也不会有人一辈子都是干旱，只需要在一个长的时间段内让流入的水更多就好。

人生辽阔，千姿百态。我不能说一种充满努力和成就的拼搏人生，就一定比享受安宁的轻松人生更好，但我觉得坚强一定比软弱好，而拼搏让人坚强。这些年的拼搏和成长，让我做到了自己年轻时从未想过能做到的事，经历了几段无比充实的职业生涯，最重要的是遇到了很多受益一生的朋友和前辈。

人类是短视的动物，容易低估事物的远期威力，因此一定要用长远的眼光看待人生，规划一个良性循环的系统，并且按照规划去长期执行。人生系统最关键的两点就是：

1. 长期规划，过多维度的人生

一个有长远眼光的人会考虑整个人生需要支出的金钱总和，而短视的人只会关注这个月的开销，同时盲目乐观地预期自己未来 30 年持续升职加薪，而完全没有考虑突发状况。

2012 年夏天，我完全沉浸在无尽的工作中，老板忽然被裁，丢下好几个做到一半的项目，让我一个新人扛。我半夜和巴西、美国、新加坡、伦敦的客户打完多方参与的电话会议，再自己边哭边做材料。同时要面对自己随时也会被裁的深深恐惧，不知道熬了多少个通宵。

在同一时间，我爸爸在蒙古国出了重大车祸，几乎全身瘫痪，飞机接他回内蒙古做手术，腰上打了十颗钢钉命才救回来。我妈怕影响我工作，硬是一个字没跟我说，直到我爸做完手术才告诉我。我知道后无法形容内心的无力、自责和愧疚。那天深夜我在公司的洗手间号啕大哭，恨我自己没有能力分担家人的痛苦，还要他们为我操心。那一刻我告诉自己，这条黑暗的隧道，我一定咬牙走出去。虽然那时候我根本不知道还要熬多久，几乎看不到尽头，但我相信只要走得够远，前面一定会有光。

现在经过那么多年，我有了自己的家庭和孩子，生活也逐渐在自己的掌控之中。奋斗这么多年，我非常感谢家人们一直以来对我无条件的支持。但当我回想起来只有工作没有人生的那几年时，对我的家人们充满了深深的愧疚。我在看哈佛教授《你要如何衡量你的一生》这本书的时候，非常意外地发现他用了极大的篇幅去讲：人生最重要的财富就是亲情和友情，而且你要在它们需要你投资之前很久，就要开始投入你的时间和精力。因为当你意识到的时候，往往已经很晚了。

为什么？首先，你会习惯性地把资源投资到可以更快带来回报的地方，也就是事业；其次，你的家人很少大声地叫你去关注他们，因为他们爱你，所以他们也想支持你的事业。这两种力量就会让你忽视世界上你最应该在乎的人，以及最应该花时间的地方。

这也是为什么几年之后，很多人惊讶我们会放弃高薪工作，进入保险领域的"自杀式"职业的转变，而我自己却非常坦然。我最自豪的不是有多少光环、赚了多少钱，而是终于对自己的生活和事业有了主控权，能够多一些时间来陪伴家人。选择的自由，是我自己通过摸爬滚打争取到的，不是任何人给我的。我依然觉得，年轻时能心无旁骛地投入一份快速成长的工作，是非常值得和有意义的。我也终生感激那么多年的残酷职场生涯对我性格的历练。但我更逐渐认识到，人生更重要的资产是一个多维度的人生。如果再来一次，我会做得更好一点。

人生的长期规划不仅要有长远的事业规划，也要对生活的不同方面都有长远的布局。我建议你把人生规划分成健康、家庭和事业、财富和社会意义这三层：

最底层的规划是健康，任何成就都不值得用健康和生命作为代价。

中间层规划是家庭与事业，这两个也许在不同阶段有不同的侧重，但长远来看同样重要。对于事业来说，每个人都是可以被代替的，但是对于家庭来说，你是独一无二的。拥有幸福快乐的家庭生活，同时运用自己的工作能力经营好事业，才是一个丰盈健康的人生。

顶层规划就是此生要实现的结果：在财富自由的同时，要有一些"比自我更大"的追求，对社会和他人有贡献。日本企业家稻盛和夫说过一句话：上天赐予的财富和才能要回馈社会。我也一直相信"越分享越有"，你曾给予他人的东西，最终必定会回到你这里，利他是最好的利己。

2. 大局观：找到人生的终极追求

怎样才能找到自己的终极追求和最高目标呢？就是不断地

追问自己：你此生想成为什么样的人？什么事对你最重要，为什么？直到答案是：就是因为它本身。这个终极追求就像最高处的指南针，会给你所有的行动和决策提供方向和意义。当你拥有了这个顶级目标之后，你就拥有了自己人生的优先顺序，不会被暂时的失败或困惑影响，绝大部分行动和努力都会帮你聚焦，年复一年向同一个方向前进。

小时候，妈妈带我上学路上我看到寒风中的乞丐，我给了他我身上全部的零用钱，还问妈妈能不能带他回我们的家，这样他就不用在外面挨饿受冻了。妈妈告诉我要努力学习，将来就可以盖很多房子，帮助很多无家可归的人。这个理想刻在了我心里，帮助他人尤其是弱势群体，从此成为我人生的底层驱动力。

无论我是出入高级写字楼的白领、被误解嘲讽的保险销售、在网上分享 10 年留下近百万字的作家，还是永远成长突破的创业者，我这一生的终极目标从未变过：让周围的世界因为我的存在而变得更好一点。帮没有钱的人赚到钱、没有希望的人看到希望、没有未来的人找到未来。不仅照亮他人的路，也能点亮他们心里的灯。不仅用我的翅膀带别人飞，也能鼓舞一些人长出自己的翅膀自己飞翔。我一直以来的理想都是盖所希望小学和养老院，在十年前我就在微博上写下来了。也许现在离我实现愿望还很远，但正因有超越现实的梦想，才有生而为人的喜悦，不是吗？

我们夫妻并不是什么学霸，只是经历过无助和迷茫也一直不放弃奋斗的普通人。面对人生的荒芜严冬，我们不会躲避在山洞里冬眠祈求一切变好，而是勇敢地走出山洞去狩猎。我成长努力的路径，你也可以参考和复制。能够让我一直走到现在，不断突破有限的条件和资源的，就是一股心气，就是"我不应该是现在的处境，我可以更好"的信念。

这种像火焰一样的声音，在我小时候骑自行车去上学、在零下二十度的冰雪中不断地滑倒的时候出现过；在我坐在简陋的大学网吧里，看着白富美同学在校友网上晒异国留学照的时候出现过；在我 20 岁出头加完班回家，看着保险丝烧断的出租屋地上一片死蟑螂时出现过；在我清晨 5 点踩着过膝盖的积雪，求警车送我去火车站，赶去我唯一的投行最终面试时出现过；在深夜我坐在连续工作 40 个小时的办公室里也出现过。

我认为人生最终能够实现多高的成就、创造多少财富并不重要，而是追求永远成长、获得真正的精神自由和财富自由才最重要。只有你拥有了你认为足够的财富，就可以和他人在更加平等的基础上合作、创造和沟通，不再依赖于你的雇主、给你钱的家人或，也不再在乎外界评判的压力。你可以自由地做出决定，做你想做的事情，去你想去的地方，有底气在一个不自由的世界中，做一个自由的人。

第四章

FOUR

打造成功的
职业生涯

4.1

不做工具人，要做拥有和使用工具的人

▼

最近网上工具人这个词非常火，说到了很多人的痛处。所谓工具人，是指一个人任劳任怨、随叫随到地付出，却始终不能得到平等的对待，一直被对方当工具使唤，像是一块砖，哪里需要哪里搬。在职场上大多数朋友很听话、很努力，被动地期待自己的努力能被看见、加薪升职，却是一次次失望和迷茫。

我先生就曾经是一个为老板兢兢业业打工十多年的工具人，我笑称他是会做 PPT 和 Excel 的机器人：经常老板一个电话，半夜起来开电脑闷头工作。在我们盛装赶去结婚注册的出租车上，他还把电脑放在膝盖上低头改 PPT。而如此努力的他，并没有换来老板的喜爱和重用。老板带在身边的是一位从不做案头工作只善于谈判社交的同事。这位同事从不加班，工作时间是我先生的 1/2，年终奖却是他的 2 倍。

工具人的出现，通常和一种思维脱不了干系：自我物化。如果一个人没有强大的自我、清晰的边界和原则，就很容易成为被动的工具人，太在意他人的评价和外界的声音，比如自己的前途和评价全部交给一个公司和老板，把自己当作一个大机器里的螺丝钉，随波逐流，按部就班，没有自我。

　　我从第一份工作起就一直在思考, 同样背景、同样努力的人, 为什么会有不同的职场机遇和命运呢? 2011 年, 我读完 MBA 到投资银行工作, 工作强度变得更大, 每天都像在战场。领导随时会半夜打电话通知: 第二天早上就要交一份文件, 马上回办公室加班。

　　在一次出差回来的火车上, 我和一位前辈聊天的时候, 他说的一句话对我很有帮助:"在这样的行业里, 是可以很简单地做低价值的工作, 而把自己活活榨干的。所以要去跟值得跟的领导, 做能让自己成长和增值的事情。"

　　孔子说过"君子不器", 不要把自己当作一个器物。如何摆脱工具人的命运, 成为拥有工具和使用工具的人呢? 给你 3 个方法:

1. 先主动思考, 勿被动执行

　　人仅有勤奋是不够的, 世上也充斥着劣质勤奋, 这类勤奋的核心是逃避动脑。当别人交给你任务的时候, 不要低头拉车, 要抬头看路。

　　我曾经是部门唯一一位中国人, 所以经常需要陪同外国老板出差, 为客户的会议做翻译。很多项目不是我负责的, 按道理我只要提前熟悉会议材料就好。但实际开会时往往不会按照材料讨论, 客户会问很多材料之外的新问题。所以我养成了习惯, 每次上飞机前除了打印中英文的会议材料, 还会和项目同事多要一些行业报告和客户资料, 把自己当成项目人员来全面了解项目信息。我会提前把额外收集的信息细节都密密麻麻地写在会议材料上，这样在翻译和交流的时候能更多地帮助在场人员。

有一次几十个人的会议，只有我一位翻译人员，我帮三个部门的外籍领导翻译了全部会议内容。结束时一位驻外客户领导特意和我握手，赞许地说："我听得懂，你的专业知识很过硬，好几个行业术语都翻译出来了。"

这就是从被动执行变为主动思考的思维，从按要求无脑操作的"工具人"变成了先思考再行动的人。

有一个主动思考的思维方法，丰田创始人发明的 5 why（5 个为什么）思考法：遇到任何问题时不要只关注表面现象，要连续追问 5 次"为什么"，才能直达事情的本质和根源、降低沟通成本和缩小信息差距。

拿到工作任务时，可以先思考和回答以下几个问题。

- 这项任务是为了完成什么目标？
- 我需要调动什么资源去完成任务？
- 任务与其他工作的优先顺序如何？
- 需要多长时间执行？
- 有没有更高效率的方式去完成目标？

2. 先升维看全局战略，再降维看战术焦点

有一句很热门的网络流行语：不要让战术上的勤奋掩盖战略上的懒惰。还有句话说，不想当将军的士兵不是好士兵。很多时候我们就像是蚂蚁窝里面不断爬行的小工蚁，能

看到的只是自己面前平面的爬行痕迹，却看不到俯视的三维格局。我们自己以为走在正确的道路上，做好自己的工作就好，但结果在毫无准备的时候被裁掉，还找不到第二份工作。千万不要因为自己现在只是普通员工，就在战略上偷懒，不去学着从更高一级、领导的角度来看工作。

摩根士丹利副主席詹姆斯·朗德的《投行人生》中提到，根据不同行业雇主的反馈，毕业生缺乏的技能中排名第一的是商业意识。

什么是商业意识呢？商业意识是对商业、产品或者服务的理解力，包括：

- 如何创造产品或服务；
- 如何寻找和赢得新的商业机会；
- 从大局的角度、更高的立场思考和解决问题。

几十年前，詹姆斯还只是一个普通的投行分析员，陪同老板和客户坐飞机去参加投资者见面会。不巧当地突发了暴雨洪水，他们下飞机之后在路上堵了一个小时，但是酒店那边的投资者已经到了。如果投资者等不及走了，客户公司的融资就泡汤了。

当时是没有手机、通信不便的年代，在全车人都只能等待的时候，詹姆斯毫不犹豫地跳下车。他在污水中狂奔一公里，找到了一个排长队的电话亭。他从口袋里掏出一把现金，给了前面排队的人每个人五美元小费，得以插队给酒店打电话。他告诉酒店无论如何都要留住投资者，把酒店见面会改成鸡尾酒会，提供酒水和点心吸引大家留下来。

最后詹姆斯一行人晚了 40 分钟到酒店，但因为提前给了酒店通知让他们准备，所以留住了投资者。大家把酒言欢，客户公司顺利拿到了一笔巨额的融资。正因为詹姆斯没有被动满足于小人物的分内工作，而是带着商业思维和全局意识，像做自己的生意一样拼命争取，才能够在竞争激烈的华尔街屹立 40 年。

3. 拒绝"伪勤奋"，借力比尽力更重要

成功不会仅仅因为忙碌而靠近我们，还要看我们为什么而忙，是不是忙得正确。

我刚刚到投行工作时，有一次和资深同事 G 分工做一本路演材料，当天晚上必须要完成。G 晚上 11 点已把他做完的部分发给我，但我这部分还需要一个稀有金属的价格，尝试了所有数据库都没有找到。G 几次问我是否需要帮忙，但我觉得自己的工作必须要自己完成，求助别人太没面子。到半夜 1 点，我实在没办法才开口请 G 帮忙。

G 微微一笑，直接拿起电话拨通了伦敦办公室。原来伦敦有一位金属矿业专家，专门负责各种稀有金属的信息搜寻。20分钟之后，包含过去 5 年所有历史价格的 Excel 表，发到了我们的邮箱。

我非常惭愧，因为自己的不得要领，让我们两个人到凌晨 2点才能回家。离开公司的电梯里我向他道歉，G 对我说了一番让我难忘的话：

"这不怪你，是我比你多工作几年、知道去哪里找而已。但是在这个行业，你一定要学会求助和外包。我们的任务是项目管

理，按时完成才是我们最大的职责，你所纠结的并不是这一张PPT怎么做、这个数据去哪里找，而是要知道谁是对的人、从哪获得需要的信息。"

后来我在工作当中非常重视合作和外包。遇到研究不出来的事情不会轻易去死磕，而是从对的渠道寻找资源，以便更快更好地完成工作。

著名心理学专家 Jordan Peterson 教授认为，在职场中没有突破的人，一般有"伪勤奋"的 4 个表现：

❷ 花大量时间做事情中最容易的环节，还到处炫耀：没有功劳也有苦劳。

❷ 以"准备"的名义拖延，看上去很忙但事情没有任何进展。

❷ 从来不验证工作成果，不知道做得好还是坏；只顾闷头拉车，不会抬头看路。

❷ 读了很多书，但从不总结规律；即使总结了规律，也没有用到实践中。

从公司的角度来说，如果你的苦劳没有给别人创造价值，就只是感动了自己。除了勤奋，我们还要聪明地工作：懂得借力外包，调动、运用工具和资源，用别人的经验和智慧来更快更好地完成工作，创造更大的价值。不要浪费自己的时间重新制造轮子，你周围有很多现成的轮子。

我们夫妻俩各自在职场打拼十几年，观察到浑浑噩噩、照章办事的"工具人"和有想法、创造更大价值的"工具使用者"有以下差别。大家可以对照一下自己，看哪方面可以改进。

目标和观念	工具人	使用和拥有工具的人
驱动力	谋生	不断成长、创造价值
职业目标	按部就班，别被解雇	升职、掌控全局
日常工作	被动听领导安排	主动参与战略、合作共赢
职场风格	重复性、事务性工作	不断挑战、有创业精神

4.2

让自己不可替代

我曾经有位同事小李很受领导喜欢和重用，经常骄傲地和我们炫耀："我们家老板又给了我一个项目，我们家老板和我说了内部消息……"2008 年金融危机，公司突然开始裁员，大家没想到，老板的红人小李居然是他们部门第一批被裁的人。

他被保安和人力资源同事监督着离开公司的时候，我刚好和他打了照面，我永远都不会忘记他眼中的愤怒和痛苦。这件事情给小李带来了巨大的打击，他一心效忠的"我们家老板"到最后都没有见他一面，给他一个解释。

在那一刻我就知道：靠谁都不如靠自己。千万不要把未来依靠在任何一个领导和公司上，要把自己当成一家公司来经营，培养自己的技能，为自己"不可替代"的简历打工：自己选中自己，自己推销自己，自己投资自己。

1. 技能分两种：硬技能和软技能

专业知识和技术属于硬技能，也是一份工作的最低门槛。除非你是行业顶尖稀缺的专家，否则大部分的技术和经验都有透明的市场价值：你在什么行业、有多少年经验、什么专业、公司什么职位等信息都很明确，也很容易在市场上明码标价，被众多能力类似的竞争者取代。

而软技能，也就是真正有价值的经验和智慧是很难被取代的。软技能包括你对商业本质的深刻理解、对于稀缺资源的占有和把握、对于关键信息和人物的敏锐、对于解决疑难问题的洞察力和能力。所有这一切都不能通过简单的重复来达到，而需要在经验中不断地复盘和提炼。

2. 从技术思维转向智慧思维

想让自己不可替代，就要从"硬技能"的技术思维转向"软技能"的智慧思维。

对于初级和中级的员工来说，做好一个匠人，把手上的工作做到最好，同时又有一些大局思维，就已经足够在职场中发光发热了。但是随着职位的提高，一定要改变思路，从技能型打工者转化为智慧型打工者。为什么呢？

熟能生巧的技能，是容易找到替代者的。每一年都有无数的新人进入职场，带着更新的知识和更快的学习能力去和老人竞争，很多的工作已经明确表达了对 35 岁以上雇员的不友好。你经常会被拥有相同技能的人挑战，生存空间被挤压得越来越小，老板不断思考你存在的性价比。

面对全力以赴的年轻竞争者们，我们能够赖以生存的稀缺资源，就是从经验和实践积累中升华的智慧。

3. 3 个培养"软技能"的思路

（1）避免能力陷阱，培养适应力

很多人在某领域的能力很强，所以就形成了习惯，喜欢做自己擅长的事。但是这也有一个很大的陷阱：他们以为过去让他们获得成功的东西，将来也会继续有用，但他们并不知道环境是一直在变的。他们的资源和能力已经不能满足新环境的需求了，只是他们还没有意识到。

我也曾经陷入职业的瓶颈期，因为领导总是换，每一次新来领导的风格和要求都不同，好不容易适应了上一任的我又开始不知所措、无所适从。当时我的导师，事业有成的投资专家缪子美对苦恼的我说了一番话，让我豁然开朗："想在职场长盛不衰，最重要的素质是灵活性 (versatile)，也就是能随环境灵活调整的适应能力。"

适应能力就是对身处环境知己知彼，知道职场环境发生了什么变化，自己需要什么新的责任和调整。

之后我只是做了小小的心态调整：不把自己作为一个接受任务、默默做事的员工，而是主动和领导沟通任务的要求，在具体做事之前先了解他们的偏好，再安排工作，这样就事半功倍了。

还有一个更容易的小诀窍，就是和新领导的老下属多交流。每一位新领导都会带几个原单位的得力下属一起过来，他们是最熟悉领导风格的，也会从执行层面给我最实用的建议：领导 A 喜欢多引用数据而且关注细节，千万不能错；领导 B 喜欢用图示例，文字描述要减少，等等。

（2）学会向上管理，帮老板省力分忧

优秀员工的特质，不一定能让你担任经理发光发亮，但如果你仍然像初级员工一样只关注自己研究的表格，你就没有办法像经理一样为客户提供服务。

教你一个实用的小方法：每个月都约老板喝一次咖啡。这不是教你去谄媚，而是帮助你调整自己的节奏，和老板步调一致。

不要怕去敲老板的门，很多时候他们也喜欢多听听下面真实的反馈。我从刚工作开始就养成了和老板定期"非正式沟通"的习惯，可以提前邮件约好，也可以更轻松随意一点：周五下午一起到公司楼下买杯咖啡，还可以在出差路上谈谈工作。有时出差的路程很远，在火车换汽车的跋涉中，很容易真实放松地和平时严肃的领导聊聊天。

如果想有更好的效果，建议大家每次与领导见面之前，准备一页纸的工作汇报，主要内容如下：

❿ 汇报和展示你近期的工作成果：老板是否知道和满意你的贡献？

❿ 下阶段工作的优先级：现在老板最需要你做什么？哪方面最关键？

❶ 你需要的指导和资源支持：先展示自己控制局面的能力，再寻求适当的支持。

❶ 感谢领导对你的帮助，让他看到在他的影响下，你能力的提升。

很多人以为他们知道自己老板关心什么，但是人们并不会读心术。在组织中职位比你高的人可能对你和你做的事情没有那么注意，你不应该假设老板知道你的劳动成果，因此你的首要任务就是"向上管理"：主动汇报进度、展示工作能力，给领导知情权的同时，也询问哪些方面的工作最关键。知道领导最需要你做什么，按照反馈来安排下一步的工作，才是和高层有效沟通、建立信任、高效工作的好方法。

（3）对客户有同理心

我们要把自己放在客户的角度，思考客户的需求是什么，我能做什么，把自己从服务提供者或者产品销售者的角色转变为客户信赖的顾问。

在金融行业大项目的竞标书中，80% 的内容是列举公司的资历和奖项，但是赢得竞标的正确姿态是愿意做的意愿并且表达要简明易懂。一场好的商业沟通要用心聆听，至少 40% 的内容要讲对客户的好处，不要讲专业术语。

初从投资银行转行做保险时，一位客户向我抱怨，前一位代理人每次和她见面都带着一本杂志自豪地向她展示，里面是这位代理人的专访。客户无奈地说："你上杂志和我有什么关系呢？你一直在说你自己多优秀，一定要买你的产品，但是几次见面都没有好好从我的角度来分析合适的方案呀！"

而我见她第一次，只用了几句话介绍自己。之后几次会面中60%~70% 的时间在问客户问题，帮她一张张画图来测算不同的投资方案，客户完全沉浸在对自己情况的讨论和思考中。最后客户在四五个代理人中选择了我，她说："其他人都是在试图说服我他们有多优秀，而你让我自己体会到你有多优秀。"

在商业世界里，你的胜出取决于客户认为你有多优秀，并不取决于你自认为自己有多优秀。当你想要更进一步，或者意识到自己正在原地踏步的时候，一定要回头梳理一下：

❯ 现在你在职场赖以生存的最强武器是什么？是技能还是智慧？

❯ 在公司里和市场上，有多少同行可能会替代你呢？

❯ 你应该如何培养自己的竞争力和稀缺性？

4.3

3 个步骤提升自己的竞争力

很多人一直在追求一份有稳定工资的工作，但其实唯一的稳定就是没有真正的稳定。2015 年，剑铨在上市公司担任投资总监，刚刚被领导选入投资委员会。还没有开心很久，公司的主要股东和创始人之一猝死，公司的业务和战略大受影响，很快总部就关掉了香港办公室。剑铨前一天还好好地上着班，第二天公司就没了。计划赶不上变化，永恒不变的，只有变化本身啊！

我一直有个观点，未来人和公司将不再是雇佣的关系，而更多的是联盟关系。这也正是罗振宇提出的"U 盘式生存"理论，每个人都像一个 U 盘，具有普适化的工作能力，自带信息，不装系统，随时插拔，自由协作。

如何培养"U 盘式"的普适化竞争力呢？我想分享 3 个步骤：具体分为一个理念和两个方法。

1. 核心理念

我们先来讲核心理念：深挖主线、拓展副线。

"深挖主线"就是让自己成为某一个领域的专家，当同事遇到问题时，脑海里第一个想到的解决人选就是你。

"拓展副线"就是在专家的基础上，拓展更全面、应用更广、更灵活可迁移的能力。

很多朋友受工匠精神的影响，常常认为要把自己磨得像针尖一样，一生只做一件事。在变化越来越快的世界里，这是一个极大的误区。不要认为你选了一条康庄大道，就能走一辈子。

你的专业只是你的人生主线，在这个基础上，应该尽可能去延展副线，以增强适应性和风险抵抗力。

2. 两个操作方法

说起来很简单，具体如何操作呢？我教给大家两个方法：

（1）挑选让你真正成长的工作

如果工资一样的两份工作让你选，一个是很好混的"大锅饭"项目，另一个是需要你挑大梁的项目，你会怎么选呢？

十几年前我刚刚进入会计师事务所的时候，最羡慕"命好"被分到大项目的同事。大项目人很多，每个人只需要做一部分工作就可以，不像小项目"麻雀虽小、五脏俱全"，时间紧、任务重。大项目一出差就是十几个人出一个月，差旅补贴比基本工资都高，周末还能旅游。而小项目最多两三个人，一个星期就要把工作全做完。

当时我们最同情的是同事小林，刚工作第一年接手一个垃圾处理场项目。他的领导就只有他一个兵，所以他什么活儿都要干，没有出差费，工作环境还差。我记得他说过客户办公室的玻璃很厚，因为垃圾实在太臭了。

但短暂的痛苦换来的是更快的得心应手，更早的独当一面。他是成长最快的同事之一，第二年就自己带队，第三年就成为上市项目的重要负责人。有些时候做一些别人不愿意做的困难项目，或者早一些承担更大的责任，对能力的提高和长久的发展非常有帮助。

很多人会因为大平台的光环而怀揣几分侥幸心理，跟在羊群后面做着片段化的工作，几年下来对于自己那一块的工作已经很熟悉了，但依然无法掌握一个项目的全貌，能力的提高赶不上职位的升迁。有一个工作了四五年的师姐，从大项目被抽调到复杂的小项目。只会做碎片工作、从来没汇总过报表的她，对电脑上混乱的总账目束手无策，当着同事的面急哭了，那是多么的绝望和无奈！

经过十几年的职场生涯，我认为这样的工作能真正让你成长。

- ❯ 你负责一个完整的项目流程，而不仅是一枚"螺丝钉"；
- ❯ 有困难、风险和挑战，但能学到实用的技能；
- ❯ 跨部门合作的项目，能接触到新的领域和更广的人脉。

我永远也忘不了 2014 年年底，我独立负责的一个 10 亿元项目发布会的前一天。我一个人在北京客户的办公室，忽然联系不到香港负责排版的外包团队了。联系其他同事才知道，因香港 8 号风球，所有员工都提前回家了。

第二天早上就是发布会，凌晨整本材料一定要定稿。那一刻我无比绝望，也无比坚定：我是材料的最终负责人，我一定要按时完成。

我开始联系广东和北京的外包团队，同时向领导要求，紧急安排一位分析员，远程和我分工排版 100 多页的材料。深夜 11 点 50 分，我把排版完成、连标点符号全都亲自检查过的定稿文件顺利发给了所有项目方。那一刻，我觉得自己无比强大。

我们的人生，就是不断地向他人证明我们拥有更大价值的过程。如果你让别人看到的只是一枚螺丝钉，那他人给你的任务也只能是螺丝钉的任务。如果你让他人看到你是一个心怀大局、能委以重任的人，那么时间自然会给你应得的收获和答案。

在后来的漫漫人生路中我再回头想，20 岁出头的我去羡慕一个月几千元的差旅费，是多么的幼稚和短视。之前以为是幸运的捷径，未来都会变成坑。之前省了多少路，未来掉进去的坑就有多深。

在你现在的工作中，你的角色更像谁？你又想成为谁？

（2）每年更新简历、用市场检验自己的价值

我们要把自己当成一家公司，为自己的简历打工。更新简历，就是一个倒逼自己成长的小技巧。

我有一个习惯：无论再忙，每年年底都会重新审视一下简历，看有没有值得添进去的新项目、新技能、新视角。如果没有，说明在技能拓展上做得还不够，要持续而勤勉地去打磨，倒逼自己将潜力发挥到十二分。

我给大家两个小建议。

❯ 赶快看看，你上一次更新简历是什么时候呢？是上个星期，上个月，上一次换工作，还是在大学毕业以后就再也没有更新过呢？请你找到你的上一份简历，然后把它更新到今天吧。

❯ 请拿着你这份最新的简历，去和三位猎头电话聊聊。他们是距离市场最近的前线人士，会告诉你现在你的行业里：

a. 你的竞争力处在什么水平；

b. 你有什么致命的短板；

c. 你有什么可以去学习的新技能。

这个建议的效果经实践立竿见影。我曾经有个朋友，在他工作的投资银行上市部是明星员工。他在同一家公司工作了三四年，都没有想过换工作。我跟他聊过之后，他试着更新了简历并发给了几个猎头。过了几天，他感谢我敲醒了他。因为一个猎头直截

了当地对他说:"你在过去的三年里主导的项目,上市成功的有 8 个。我这边另外一家银行的申请人同样工作了三年,他主导的成功项目有 18 个。8 个对 18 个,如果有一家想上市的公司在找财务总监,你觉得我应该推荐你还是推荐他呢?"

我们创业之后,在招募团队的时候第一步就是看简历,我们惊讶地发现很多人在大学毕业之后就再也没有更新过简历。在我要求一定要提交简历的时候,他们第一反应是不知所措和不敢面对,因为他们一直做着重复的工作和低效的努力。

逃避和维持现状是不能解决问题的,面对和接纳现实也许痛苦,但它是我们走向成长和强大的必经之路。

4.4

不怕危机、不怕失业的技巧和思维

一只站在树上的鸟,从来不害怕树枝会突然折断。这是因为它相信树枝不会断,还是因为相信自己的翅膀?

只有你自己,才会为你自己的成功负责。

有个生动的比喻:在大公司工作就像嫁入王室,一旦你离开,你的头衔就会被剥夺,只能以平民身份回到原来的生活。不要迷失在公司的光环下,而忽略了自己的价值和需求。

互联网时代,创新的行业层出不穷,很多传统的生意和工作模式被冲击和淘汰。巴菲特提出过：好的生意就是要寻找护城河。2020年秋天，我们去了扬州一座保存完好的古城。给我印象最深的就是高高的城门外，那条巨深巨宽的护城河道。不难想象，在古代敌军要攻入一座城该有多难。

但是在现在创新层出不穷的时代，传统的护城河基本发挥不了作用了。现在能够让你立于不败之地的护城河，一定是动态和变化的。高瓴资本的创始人张磊在《价值》一书中说这个世界上只有一条护城河，就是你能不能不断疯狂地创造长期价值。

我们普通人该如何建立动态的护城河，才会不怕危机、不怕失业呢？

1. 敢于破坏性创新

有一本书《创新者的窘境》讲到创新有两类：一类是维持性创新，就是通过精耕细作来完善现有的产品；另一类是破坏性创新，保持开放，敢于打破边界，追求最根本的改变，创造全新的产品服务，对原有的护城河进行降维打击。

我的座右铭是：不破不立、大破大立。在传统的理财顾问还一个一个约客户聊天、在报纸上登广告的时候，我开通了自己的公众号，用一篇篇文章吸引和影响了更多的人。再之后5G短视频时代来临，我又迅速学习并转型，从文字博主跨越到视频博主，更高效，更有影响力。

创新没有那么难，只要践行两点：

第一，保持好奇和开放。

虽然近二十年我都专注在金融领域，但是我的朋友遍布各行各业，从淘宝店主到直播网红、从畅销书作者到电影导演。他们每个人都给了我新的视角和尝试未知领域的创造力。

对我来说世界就像一个万花筒，与我越不相关的人和事物，碰撞出的火花会越大，得到的收获也会越多。你也可以多多观察周围的生活和事物，多交各行各业尤其是新兴领域的朋友，如果对哪个领域有兴趣，不妨花点时间去探索一下，也许会对你未来的成长有意料之外的帮助。

下一个 5 年或 10 年，我们又会面对怎样的变化呢？没有人知道。要随时准备着彻底的改变和调整，保持好奇和开放才能跨越无数个周期和起伏，笑到最后。

第二，积累你的影响力和资源。

我们的能力不仅来自我们所在的职位，也来自这份工作带给我们的资源。因此，我们不仅要专注于自己的本职工作，还要注意积累"社会势能"，也就是其影响力和资源。

资源即人们想要或需要的东西，可能是重要的工作信息、社会支持和人际关系。有能力把资源提供给需要的人，就会与更多的人形成共赢和互惠。

你可以马上应用的积累资源和影响力的办法是：积极参加公司和行业的年度会议和论坛，最好成为组织者或者发言者，让更多的人看到你。

你可能会结识很多同行甚至未来的合作伙伴，更重要的是你会和部门、公司甚至行业之外的外部人士建立更广的人际关系，进入更广阔的人际网中，拥有更多创新的信息、机会和视角。

2. 拓展可迁移的技术

可迁移的技术是什么意思呢？就是在不同的岗位和行业中，可以不断重复使用和迁移的能力。比如，杂志社纸质媒体的编辑，很多转到自媒体行业，他们的写作能力可以迁移到新的行业形式里，这就叫可迁移的技术；而再优秀的马车夫，技术再革新都不能转行去开汽车，因为他们驾马车的技术无法迁移到汽车上去。

我先生曾经在一家专门投资天然资源项目的基金公司工作过4年。后来天然资源行业低迷，他曾经找过地产投资和基础投资的工作，对方都说他过往的投资经验不太适合其他行业，这就是缺乏可迁移的技术带来的困境。为了打破这种局面，他采取了"分段走"的策略，先找了一家做新能源的上市公司工作。天然资源和新能源虽然不同，但都属于能源业，投资技术更容易上手和学习。之后他靠这两段经验，便成功被更大的国际基金公司聘请，投资的领域也更全面了。

在现代社会，铁饭碗不是抱着一个饭碗吃一辈子，而是拥有不断升级、可迁移的能力，才能到哪里都有饭吃。

3. 争取市场大、机会多的领域

我们认识的一位金牌地产经纪人，最开始他非常努力地在普通住宅市场中打拼，后来发现豪宅市场的客户对经纪人的专业度和信任度要求更高，竞争反而不如普通住宅的市场那么激烈。他开始主攻豪宅市场，同样的付出和努力因为市场机会更多，带来几倍增长的收入。

迪斯尼 CEO 艾格的前老板丹曾经给他一张纸条，上面写着："不要做制造号油的生意，你或许会成为世界上最棒的制造商，但说到底全世界每年消费的号油也只有几升而已。"到今日，这张纸条仍放在艾格的办公桌上，和迪士尼高管讨论哪些项目值得争取、该如何分配精力时，他还会把它拿出来。

这提醒我们在努力的同时也要找对战场：去深耕市场更大、机会更多的领域，去争取加入公司创造价值更高的部门，不要陷入耗费资源却回报甚微的低效努力。

几个问题帮你来思考：

◐ 你的部门在公司战略中是不可替代的吗？

◐ 你的公司在行业中有竞争力吗？

◐ 你的行业是朝阳行业还是夕阳行业呢？行业市场是在不断扩张还是有萎缩迹象呢？

◐ 你对自己未来 5~10 年的事业愿景是什么？现在的发展路径是你满意的吗？

◐ 如果不满意，公司或行业里有没有发展空间更大的平台呢？

4.5

快速突破收入天花板：用时间赚钱 VS. 用结果赚钱

有很多朋友向我咨询求助：为什么辛苦工作很多年，收入的提高还是赶不上通货膨胀呢？

20 岁出头的时候，我就意识到普通人如果只靠工资，一生都很难实现财富自由。因为每个人的时间都是有限的，如果想要成功，就永远不应该为收入和时薪设定一个上限。

用时间赚钱，就是把你的单位时间出售给雇主来获得固定的工资，比如领时薪、日薪、月薪。而用结果赚钱，就是不按时间计算，而是按照你创造的业绩或成果来获得更灵活、更高的奖励，比如创业、按交易量收佣金的证券交易、按业绩分红的销售工作等。

1. 用结果赚钱

想要快速突破收入天花板就要跳出"把单位时间卖出更高价"的认知局限，根据自己创造的结果来获得报酬。

我曾经有位领导 A，专业技术过硬又勤奋，在 30 岁就被破格提拔为总监。他十几年如一日，无论周末还是节假日总能看到他坐在办公室，把下属的报告打印出来一页页亲手改，精益求精。

但是到了高层之后，他的职业生涯就进入了漫长曲折的平颈期，辛苦付出再也没有转化为更高的职务和更高的收入。

还有一位领导 B 不是技术出身，几乎从不加班，但是职业发展一路向上。我好奇地观察了几年，发现他最大的优势就是"把关系转化为收入"的能力：善于建立关系、发现商机、创造收入。

领导 B 不仅熟悉自己部门、隔壁部门乃至公司内部的关系，连客户公司的内部关系网都很了解，知道什么事情该找什么人、谁是"说了算"的决策者。他喜欢和客户交朋友，约他们喝咖啡和小酌，谈笑风生间了解最新的行业动态。再与内部和外部做好沟通，通过牵线搭桥、整合资源，很多项目就谈成了，最后找几个技术好的得力下属做执行就好。

领导 B 为公司创造了可观效益，他的收入一大块都是项目的分成奖金，是领导 A 的近十倍。

我们大部分人是按单位时间赚钱的打工者，喜欢拿固定的月薪，以得到每月按时进账的安全感。同样是服务业，有些人很擅长专业技能，但是不能为公司创造收益，因为总是等着客户打电话给他们，或者领导安排下一单业务，他们就埋头执行。也有些人的客户管理做得很好，善于和客户建立关系，但是不会主动寻求商业机会，也无法创造利润，获得更高的收入。

还有一些人，喜欢根据产出的结果来获得报酬，一般是获利的百分比，而不是固定工资。他们相信自己的价值，也相信自己有能力发挥相应的价值。

在专业服务领域奋斗近十年之后，我放弃了高薪，勇敢进入了"以结果论英雄"的创业领域。因为我最终意识到：

自己创业也好，拿佣金、拿固定比例的公司收益薪酬或者股权也好，总之要为自己创造根据成果来赚钱的事业。只有这样才能够突破"卖时间换收入"的天花板，拥有没有收入上限的无限可能。

如果你暂时没有"用结果换收入"的事业机会，可以在你目前的工作中尝试本节中提供的几个方向的改变。

2. 培养"销售导向"的思维

很多朋友对销售行业有偏见，觉得销售没什么技术含量，就是厚着脸皮去求人，我曾经也这样想。在我从对着电脑做 Excel 的初级员工，拼搏到项目管理负责人，再到拜访客户寻找项目机会的联席总监，最后自己创业、躬身入局寻找客户的这十几年里，我深刻地意识到商业的本质就是销售。

无论你是一位毫无背景的保险代理人，还是会计师事务所的合伙人、投资银行的常务总监，最终你能给公司创造价值的根本，就是带来客户，带来合作，带来利润。

很多商业书籍提到，在商业领域推销技巧是第一位的。在《富豪的心理》一书中，德国学者采访了很多亿万富豪，2/3 的受访者说销售能力是他们取得成功的重要因素，超过 1/3 的人甚至认为他们成功的 70%~100% 归功于销售能力。他们认为销售除了努力工作和奉献精神外，还包括同理心、谈话技巧、专业知识和人脉。比起用有限的时间赚钱，销售是最直接的用结果来赚钱，它的收入几乎没有上限。

只做执行性的工作是很难得到锻炼和成长的。无论是销售产品，还是向领导销售自己的个人品牌，越早意识到"人人皆销售"这一点，越早明白要为结果负责，就能越早突破收入的天花板。

3. 报酬和业绩挂钩

比起拿固定的时薪、月薪或者年薪，你是否可以和老板去争取，拿一个更低的基本工资但是更高的年终奖呢？年终奖就是你所完成的项目带来的价值证明，你放弃的也许是短暂的安全感，但是得到的是市场对你真实价值的验证。

你还可以争取进入单位创造价值的"利润中心"，而不是单位消耗价值的"成本中心"。比如，从处理标准化工作、收入固定的财务部门，转到面对市场和客户的销售部门。

在我们夫妻十几年的职业生涯中，经历多次市场动荡和裁员潮。我印象最深的是一次出差大家候机喝咖啡时，一位驰骋金融界 20 年的欧洲区老大笑着说："我头上始终悬着一把剑，我只是不知道它什么时候会掉下来。"当时我脑海中瞬间出现了一个词：达摩克利斯之剑。西西里岛的大臣达摩克利斯参加奢华的宴会，但他的头上有一把仅用一根马鬃悬挂着的利剑。达摩克利斯是脆弱的，那把宝剑当头落下只不过是时间问题，和平、安宁中存在着危险与不安。

从大学毕业月薪 3000 元，到投资银行年薪百万元，再到放弃光环、归零创业，这一路无论高光时刻还是至暗时刻，我从没有过依赖心态，靠老板、靠公司和靠行业。因为老板会走，公司会倒，行业会转风向，可以一直依靠的只有自己。

我们的职业生涯无论从哪里开始，都不会是一条笔直向上的直线。未来不可预测，无论你多么成功、聪明和勇敢，都有可能在变化中身陷困境。不等待、不依靠、不抱怨、不满足，把自己当成一家公司来经营，培养可迁移的能力，培养对未来的敏感度和行业方向的洞察力，才能牢牢把握坚实的未来。

你呢？是成为在盛宴中担心宝剑落下的重臣，还是成为不惧前路、浴火重生的凤凰？

术：方法、技能

第五章

FIVE

轻创业者要学会的能力和思维

2016 年 6 月 24 日是英国投票脱欧的日子，我选择了这历史性的一天递交了辞职信，正式结束我多年的投行工作生涯，彻底归零再出发，成为一个没有固定收入的创业者。个中辛苦，唯有自知，我在创业中收获了很多成就的同时，也面对着很多嘲讽和质疑。

从小到大，我都是传统意义上的好学生，从四大会计师事务所到美国沃顿商学院 MBA，再过五关斩六将到香港从事投资银行工作，拼尽力气顺着主流价值观的道路一路向前。为什么这么拼呢？我从来没仔细想过，就是觉得这条路很光鲜、有面子。在我三十而立的那一天，我决定以后不再为别人而活，我要自己选择和决定未来几十年的道路。

互联网时代给我们带来的选择和冲击，比想象的大得多。我在微博上看到一个女生咨询，说她正在去美国读研和做颜值主播之间挣扎。不用说我读大学的时代了，就算倒退 10 年或者 5 年，这两个选项都不会是当时的大学生并列在一起的选择。十几年前，我有位学妹辞掉咨询公司的工作去开淘宝店，当时几乎没人理解，那时放弃体面工作去创业的案例是极其罕见的。现在时代的巨浪已经波及了很多人，甚至改变了一代人的决策思维。

现在是变化剧烈的时代，斜杠青年、个人品牌和大众创业成为浪潮，传统稳定的工作不再是金饭碗。我和先生这一路走来，也从打工者转型为理财顾问再到财经博主和创业者。很多朋友想和我们夫妻一样开创事业的第二道彩虹，在变化的时代有工资之外的收入来源，给自己更大的安全感和更长的事业生命。也有很多迷茫困惑的人会说，我除了现在的工作什么都不会。

2008 年年底，我即将辞职出国留学去读 MBA。当时我部门的一位高级经理语重心长、苦口婆心地找我谈话，说："现在经济危机，你有份稳定工作为什么还要出国？你看那么多海归连月薪 3000 块钱的工作都找不到，你出去了再回来，这个位置可就没有了。"

我说想去看看外面更大的世界，看自己能不能做不一样的事情。经理笑了笑说："你就是想太多了。我做审计快十年了，也就会做这个。说实话我真的不知道除了审计，这辈子我还能做什么。但是为什么要想那么多呢？低头工作，一年一年不就过去了吗？"我告诉自己，我一定不要成为除了手上的工作什么都不会的人。如果不去思考，不去尝试，又怎么知道自己还想做什么、还能做什么呢？其实我们人生所努力去实现的，无非就是找到"我想做什么"和"我能做什么"最大的交集，实现最大的成就。

然而每个人的时间和精力有限，也受自己的能力圈所限，要在飞速变化的时代马上转型、获得成果是非常困难的。是不是大部分普通人就无法创业、抓住互联网时代的机遇呢？该如何找到适合自己、风险可控的"轻创业"之路呢？这一章我结合我的经历分享在互联网时代，轻创业者必备的能力和思维。

5.1

潜力转型的 5 个方法

我们要仰望星空，更要脚踏实地。理想丰满，现实骨感，找到平衡，才能够准确地看待自己。如何发现自己的技能和天赋？是否可以做自己喜欢的事，同时能赚到钱？

敲你那扇内在的门。不要敲别的门。

河水深及你的膝盖，

但你却老想喝他人水袋里的一口水。

——鲁米

我根据自己的经验和朋友赛男的启发送大家 5 个字，希望能够帮你找到创造可持续财富的潜力和转型的出发点。

1. 快

你做什么事情比别人效率更高，做得更快？

以我自己为例，我从小爱书如命，在姥爷的书房里度过童年。读过的内容在我大脑中起"化学作用"的速度也比一般人快很多，我会将其与其他相关的知识和经历链接、提炼、拓展、表达。所以我读书、写作和演讲的效率都很高，一天可以读完一本书，需要时可以一日写几万字。

总有人好奇地问我："到底是多大的毅力和坚持，让你在网上免费分享了整整十年、输出上百万字？"其实内驱力比意志力更重要。就是因为我输入的速度够快，所以同样的时间我输出的内容更多，自然获得了更多的正面反馈。

这个正面反馈并不是金钱，而是效率带来的更多积累、更多成就。这些成就不断地加强我读书写作的意义感和自信，还有影响力。

在 2020 年，我的"读书快"和"写作快"这两个特长，让我们夫妻成功开办了两期财富升级讲书营，讲了总计一百多万字的 5 本商业著作，写了十几万字的逐字稿，培训学员近 300 人次。一本 30 万字的金融书籍，我可以在一个星期里泛读 + 通读 + 深读 3 遍，同时配合阅读几十篇书评。用我的迅速阅读、吸收和讲解，让更多朋友也能读懂艰深晦涩的大部头著作，这就是我读书写作"快"给别人带来的价值和帮助。如果你也有"比别人做得快"的领域，珍惜它，深耕它，扩大它。

2. 乐

什么事情是你发自内心真正喜欢做的？

这个喜欢不是被动的娱乐消遣，比如坐在沙发上看一天电视等，而是自己主动创造的乐趣，比如设计、绘画、写作等。

　　我有个朋友做了很多年金融工作，后来辞职带娃，在给孩子拍照过程中她发现自己喜欢摄影。于是她买了设备，报名读了线上的摄影课程，背着相机走遍全城练习技术。现在她成立了自己的摄影工作室，专门拍高端的亲子家庭照。她现在每天特别开心，照片越拍越好，客户越来越多。

　　兴趣是最好的老师，所以我一直建议大家不要只把目光放在去模仿别人、参考别人上，因为不是真的喜欢，无法持久创造。不要牺牲自己的快乐，去点亮别人眼中的光环。

　　如果你一时想不到，可以回忆一下：

　　（1）在你小的时候最爱做什么事情呢？

　　（2）你做什么事情的时候会高度专注，甚至会忘记时间？

　　（3）在你现在的工作当中，你最喜欢做的那一部分是什么？

　　你可以制作一个表格来总结和列举你工作中所喜欢和不喜欢的，以及从中学到的技能。下面是我的表格：

工作	喜欢的	不喜欢的	学到的技能
四大会计师事务所	同事合作的情谊	烦琐的长时间工作	会计和财务技能
投资银行	管理项目、多方沟通的成就感	晋升路径和薪酬有天花板、无法灵活安排个人时间	金融市场与产品知识、项目管理协调能力、人际沟通能力、严谨的职业精神等
保险理财	交友广泛、时间灵活、更多机会、更多领域的学习和合作	他人对职业的不尊重与嘲讽	全面的家庭资产配置知识、法律和医疗知识等

　　我职业生涯的前 10 年做的都是理性严谨的金融服务类工作，这与我感性的性格和天马行空的创造力并不相符。但我依然在工作中找到了喜欢并且擅长的部分，那就是和人打交道。对我来说人比事更有趣，我非常享受和人真诚交流的过程。每个人对我来说都是一本书，我想知道他们经历了什么，才成为现在的自己。

　　几年前我一次出差后，把几张朋友合影发到了朋友圈。我一位朋友非常激动地告诉我，她在我的照片中找到了她失散了 17年的夏令营同学。于是我拉了一个微信群，让这两位姑娘相认。她们俩都非常高兴，把 17 年前的老照片发到群里，回忆当年的点点滴滴。我朋友说的一句话让我很欣慰："这几年我已经通过娜娜找到很多失联的老朋友，非常感激。"一句话，让我忽然间对自己的内心有了更深刻的洞见。我想作为一座桥梁，去连接不同圈层、不同地点和不同背景的人们，让他们相遇，相知，擦出火花。

　　其实你生活中很多的点点滴滴都在提醒你：你到底是一个什么样的人，你内心真正的热情在哪里。所以当你觉得欣慰和有成就感的时候，一定要好好珍惜这个时刻，也许多花一点心思看看内心，就能让你早点找到真正适合的职业和真正热爱的人生道路。

　　这个"与人深度交流"的兴趣，让我最终决定进入保险理财行业，我最喜欢它的一点是：这是离人性最近的行业。这些年无数朋友和我真诚地分享他们家庭的悲欢离合，所经历的生老病死，内心深处需要保障的不安全感，以及最珍惜、最想要保护的人。

　　南非前总统曼德拉曾经说：如果你隐藏自己，不敢让别人看到你如何做自己喜欢的事，别人就会认为他们也不能做到。但如果你让他们看见，就等于允许他们像你一样去做自己喜欢的事，解放了他们的愿望。

不要怕去做你喜欢的事，在你发自内心喜欢去做的事情中，就藏着你的潜力。一些对自己要求高的朋友，哪怕是自己不喜欢的工作也能做得非常好。当他们真正找到自己热爱的事业，他们能够创造出来的价值和影响到的人，会远比自己想象的多几十倍甚至上百倍。

3. 强

你擅长什么事情，比别人能力更强、结果更好呢？

之前很流行木桶理论，说一个木桶能装多少水取决于它最短的那块木板，所以大家要补齐短板。我认为木桶理论对公司来说是合理的，也许一个短板会成为导致公司倒闭的致命缺陷。比如，一个不合格的财务人员可能因为做假账，让一家跨国公司信誉崩塌甚至破产。

然而对于我们个人来说，每个人都有自己的长处，与其取长补短，不如扬长避短。在我看来最低效的努力，就是不断提升自己的短板。为什么？

你做得好，别人夸你，你得到鼓励，就更有动力去精进，这就是正向反馈的重要性。

你的短板一般来说是没有办法做到"强"的，既然是短板，要么天赋不在这里，要么能力和兴趣不到位。一个人全力去提升短板时，自己的能量也不够强大，往往带着不满意和焦虑。要花比别人更多的心思去补并不擅长的部分，自然是事倍功半，最多把自己从低于平均的水平拉到平均或者偏上水平，很难达到出类拔萃，也自然没有足够的正向反馈。

想象一个人拼尽全力都得不到足够的正向反馈，又目睹着其他牛人的碾压，对于自我价值认可是非常大的破坏。这不但牺牲了更多宝贵的时间，最重要的是失去了"正向反馈循环"带来的自信和动力，甚至产生自我怀疑。

但是如果你扬长避短，把自己的优势变得一骑绝尘，你的自信和能量都会不断地加强，同时大家的正向反馈也会让你更有动力、做得更好。如果我们每个人都是一个品牌，那就要把我们品牌最优势的地方发挥到极致，把影响力扩展到最大，使更多的人被你吸引，你也能找到更多优秀的人合作，大家各自发挥长处，创造更大的价值。

在我和先生的创业中，我的强项是创造力，他的强项是细节执行力。我可以在一个小时里创作出 20 条不同主题的文案，他最多只能写出 2~3 条；他可以在 1 个小时里剪辑完 3~4 条复杂的视频，从加字幕、剪接到背景音乐，而我对视频编辑毫无天赋。

我们曾经互相不服气，试图做对方擅长的工作，但是得到的不只是低效率、低质量，更是被对方的优秀碾压后的自我怀疑和挫败感。现在我们都和自己的短板和解，分工互补，把各自的长处发挥到最大，开开心心地努力，发自内心地互夸。愿每个人都能找到自己的快、乐、强，快乐地成长，幸福地成功。就算做不了人生赢家也没关系，因为你一直都在做自己爱的事情。这就比大多数人幸福！

就像我，哪怕一辈子无法从写作中赚一分钱也无所谓，因为我喜欢写，我已经获得了足够的幸福。

4. 钱

你的工作能不能带来经济价值？

我先生是一位资深的个人职业生涯顾问，他钻研了十几年，之前一直免费给朋友做咨询。每个案例背后都要花三四个小时来准备，换来的只是轻飘飘的一声"谢谢"。有一天以前来咨询过的朋友又来找他说："去年你的建议特别好，很多关于工作和生活上的事情应验了，今年再帮我咨询一下吧！"他勇敢地表示时间和精力宝贵，不再免费提供咨询了，如果需要可以付费。那位朋友马上回复说："哎呀，收费那我就不需要了，不就是朋友闲聊吗，不用这么认真吧！"

很多朋友和我先生一样，总是碍于面子，把自己的专业和知识免费提供给别人，换来的反而是别人的不珍惜和不尊重。有句话说：为你付费的用户才是真爱。要尊重别人的时间，更要敢于为自己的时间与知识标价，让市场给你最真实的反馈和成长。

我们在 2019 年年底还完全不敢在网上卖课，在 2020 年我们勇敢地把精心打磨的课程产品拿出来，坦然接受市场公平的竞争和检验。从 99 元开始，到 399 元、599 元的课程，再到 2020 年年底标价 2000 元的训练营和个人咨询服务。

你能赚的钱，就是你为别人所提供的价值。你有没有让市场去检验你创造的价值呢？

如果你有了自己认为可以出售的知识和能力，那么就勇敢地明码标价吧。如果不把自己的产品拿出去卖，接受市场的检验，你就永远不会知道自己在市场上的真实价值。

5. 心

找到你内在最深的动力。

《斯坦福极简经济学》一书中有句话：做自己最适合做的事，就有更好的生产力。一定要把所有宝贵的注意力都放在那个你最擅长的领域中，并且给它赋予重大的意义。因为你做得比别人好，所以你会更加喜爱和投入。也因为你赋予它重大的意义，就更增加了坚持的动力和使命感，能够自信、快乐、投入地把事业坚持下去。

这个"重大的意义"，就是跟随你的心，听从你内心最深的驱动力。听上去有点鸡汤，但我一直觉得每一个人终其一生的奋斗，一定有股内在最深的驱动力。

在 30 岁之前我一直都是跟着别人走，认真地学习，找个好工作。我做得不差，但扪心自问，这不是我愿意做一生的工作，但是又没有勇气离开。我 30 岁生日那一天，一位好朋友请我喝咖啡。我很郁闷地说："别人都说三十而立，但我依然看不到自己未来的方向，好像一直都在为别人的眼光和评价而活。"

　　我的朋友想了想说:"我建议你找一个阳光很好的下午,躺在草地上看着天空,发自内心问自己:如果不需要在意任何人的评价和眼光,包括你最亲的亲人;也不需要在意任何金钱上的收入,你这一生最想做的事情是什么?那就是你内心的答案。"

　　在那一刻,我的心里浮现出一句话:"活成一盏灯,照亮千万人。让我的存在去影响更多的人,让他们活得更好。"这个问题的答案,让我有决心离开投资银行,开始归零再出发的创业道路。在那一刻我无比笃定,也想把这个问题送给你。希望你在一个安静轻松的时刻,眼望蓝天问问自己:"这一生我到底想成为什么样的人,才不枉此生?"

　　很多人觉得我非常有目标感,有毅力,有方向,但是其实在我大四的时候,我才知道有四大会计师事务所。当我在美国读商学院的时候,我的内心告诉我人生最想做的事业是非营利的慈善事业,但我又想取得主流价值观下的成就,我很痛苦。

　　一个晚上,我和一位在慈善基金工作过的同学聊,那位同学说:"现在你 24 岁,什么背景和工作经验都没有,你现在的价值只是干干杂活。但你未来的价值远远不止如此,请你先到外面去拼搏。努力让自己更强大、更有影响力,再带来更多的人,帮助需要帮助的弱者。"目标感和毅力让我在 9 年之后的 2019 年,虽然我依然是一个奋斗中的普通人,但是我完成了带着整个团队到内蒙古,为家乡小学捐书、为自闭症儿童捐款捐物公益之旅。

　　目标和愿景是否长远很关键,因为人无远虑、必有近忧,当目光盯着远方够高的山峰,自然不会为脚底的沙粒纠结。我现在的路,都是我一步步去探索世界和探索自己所发现的。我还在奋斗的路上，也会让自己更强大，能发出更大的声音。我的理想就是在 40 岁之前开办一所希望学校，这是埋藏在我心底最深的"我此生为什么而活"。希望你也能找到自己的答案。每个人的路都是独一无二的，所以你一定不要停止，要不断探寻，无论对内还是对外。

5.2

快速创业 3 板斧

对于创业最难的不是从 0 到 1，而是从 1 回到 0 甚至 –1。对很多朋友来说，进入一个陌生行业都代表着要放弃很多，包括之前拥有的稳定工作、收入、安全感和光环，要重新归零再出发。

行动是内在世界和外在世界之间的桥梁。如果现在你决定开始创业，我想教给你快速创业的三板斧：低成本、小闭环和快迭代。

1. 低成本

我见过很多白领朋友创业，他们往往喜欢做有情调、有面子的事情，比如开一个漂亮的咖啡厅、租一个好地段的办公室、高薪请几位背景不错的员工等。我有一位朋友精心设计和装修了一间漂亮的茶艺馆，选址在市中心，每个月光房租就 5 万元，但是收益远远不能弥补成本，苦苦维持一年，亏损了几十万，最后只能放弃。像这样高昂的成本并不能直接带来收益，如果创业不如预期顺利，这些"面子工程"就会加剧负担导致亏损。

创业的未知像一条蜿蜒的河，通常你只看得到下一个转弯，唯有抵达了下一个转弯处，才能看到更多的景象。所以我不建议任何朋友在创业初期就投入大量资金，应先慎重考虑以下四类"创业"成本，在不影响结果的前提下把成本控制到最低。

"创业成本"主要分四类：

（1）投资成本：如果创业需要你投资金钱，如果这笔钱全亏了，你能不能接受？亏损是否能控制？

（2）机会成本：如果你放弃现在的工作，你会失去的收入、福利和社会地位都是机会成本。损失的这部分收入是否会严重影响你的正常生活？

（3）开销成本：创业的开销预期有多高？有多少不能省的固定开支？有多少可以延后或节省的灵活开支？

（4）时间成本：你为这份事业花费的时间和精力是多少？

在计算成本的过程中，也是你清楚了解自己财务情况和抗压能力的过程。一定要尽量把固定成本转变为可变成本，这样能预先降低单位成本。能借的资源就借，可以延迟购买的就延迟购买，尽量不要在一开始投入巨资去购买高级设备、租豪华的办公室或者请全职员工。能外包就外包，尤其是现代互联网技术和服务。对于小型的创业企业，不要一开始就增加雇员或者雇佣全职员工，可以在需要的时候再请人。

除了成本，面对创业的不确定性，建议先问自己这几个问题：

第一，你可能有一段时间没有收入，有没有其他的被动收入和存款来维持日常开支呢？建议在创业之前保留 1~2 年的生活费用。

第二，你的创业思路和产品是不是灵活？如果需要，你能够马上调整和改变方向吗？

第三，有没有想过，如果失败，最差的情况会是怎样？你能承受吗？

我和先生最开始为什么选择从保险业开始创业，就是因为它有很强的创业性质，进可攻，退可守，同时投入的成本非常低：我们不需要投入资金租办公室，也不需要投资去设计和开发产品。我们付出的主要是自己的时间和精力，还有放弃的固有的高薪工作和社会地位。

当然在创业时事先掌握一切信息是不可能的，我们的家族办公室理念、对客户更多更专业的增值服务、建立团队的文化和远见等，都是我们在进入行业之后逐步总结和摸索出来的。

2. 小闭环

小闭环的意思就是在最短的时间里做足准备，尽快走一套有始有终的完整流程，验证目前的商业模式能不能做成。

在医药行业里一款新药的开发周期动辄以 10 年为单位，在这期间都是在投入成本，最终能不能成功上市，很多时候是不确定的。我们个人没有雄厚的资本和条件，不适宜投入和等待过长时间，所以一定要在最短的时间里，完成一个完整的闭环，验证商业模式是否走得通。如果不行可以及时止损，避免在没有结果的道路上浪费更多的时间、精力和机会成本。

以保险行业为例，基本 3~6 个月就足够跑通一个闭环，知道一个人是否适合行业、能否提供专业的方案、能否满足客户的需求。最开始一个月培训基础知识，接下来两个月直接进入市场，和真实的潜在客户沟通。在我和先生刚入行的三个月里，自己设计调研问卷并一对一发送给上百位潜在的客户，然后收集结果、分析客户需求，再约他们线下单独访谈。我至少和各行各业的上百位朋友一对一聊过，有时会在咖啡厅一坐 6 个小时，和 6 位不同的朋友一对一沟通产品方案。

我的团队曾经有一位非常努力的同事小兰，她花了其他同事几倍的时间来学习产品，依然没有任何业绩。我帮她一对一辅导了很多次，甚至把我的讲解录成音频，嘱咐她一句一句背熟。

在她入行第 3 个月结束时，我亲自陪同她去拜访她的一位客户。在她又一次说错已经背过十几遍的产品资料时，我确定这个闭环无法完成，应该终止了。

我和小兰谈过之后，她离开了保险行业，之后和朋友创立了一家自媒体工作室，做得非常好。她对我说："感谢你的帮助和指导，让我在最短的时间里尽了最大的努力，也验证了自己的不适合，及早转型，没有耽误更多时间。"

千万不要"今晚想出千条路，明早起来走原路"，执行力太重要了。在你决定尝试一个新领域之前，一定要想到各种可能性，来建立一个时间最短的小闭环，马上开始去做，验证你的创业梦想。不上场，无成长，我们不仅要努力，更要有结果。

3. 快迭代

很多创业计划看上去像火箭发射，是一个庞大精密的复杂工程，涉及好多假设和预测，哪怕有一个微小的错误，也会带来惨痛的后果。《精益创业》一书中建议创业者利用最小化可行产品（MVP），先设计一个最小的可行方案去快速执行并验证，再根据结果升级和优化。用简单的话来说，就是先完成、再完美。我们不要想着憋一个大招，而是要小步快跑，快速反应和迭代。创业中我们不是研究复杂的火箭，而要"开汽车"，通过方向盘和油门，随时加快速度或者急转弯进入转型时刻。

在 2015 年 12 月的时候我开通了微信公众号，准备了半个月，我研究了几十个理财公众号，参考了他们的内容和目录之后，就直接开始写推送文章。现在回头看，最开始的公号文章排版特别丑、内容也过于晦涩难懂。

我很庆幸自己勇敢地开始，并且从第一篇文章开始就积极转发给朋友，请他们给我意见。大多数朋友会很客气夸赞写得专业，也有几位朋友会"嫌弃"地告诉我："你的文章写得太高深了，怎么读都读不明白。能不能多讲故事？多接地气？"我就是在这样一个个建议下快速反应、奔跑成长的。从枯燥的表格和数字，变成分享真实的故事和理财观点，再到分享我们一路走来的职场人生。现在公众号"香港金融侠侣"已经积累了一大批铁粉，我依然走在不断进化的路上。

《有钱人和你想的不一样》的作者哈维·艾克说过，了解一个行业的最好方式是进入它，也就是"踏上走廊"。你要在尽可能短的时间里准备妥当，然后行动，之后再沿途修正。一旦你踏上了走廊，你就能站在里面看到一切，找到最适合自己的切入点、积累人脉和机会，这是你站在圈子外面绝对看不到的。从你现在的位置开始下场，踏上走廊吧，也许下一扇门就会向你敞开。

5.3

如何让客户选择你

美国企业家埃里克·莱斯说，创业者最重要的两个假设是价值假设和增长假设。价值假设衡量的是我们给客户的产品和服务，是不是真的实现了价值。增长假设是用来测试潜在客户是如何发现我们的产品和服务的。

我们很多人总是想把自己最好的东西给别人，拼命打磨自己的产品，却没有从客户的角度去思考"灵魂三问"：

第一，客户需要什么？

第二，我们提供的产品和服务能帮助他们吗？

第三，客户为什么要从我们手里购买，而不从其他竞争对手那里购买呢？

现在很多行业已经是一片红海，我上私人银行课时老师开玩笑说："现在市场上为家族服务的家族办公室，比家族都多。"如果你千篇一律和其他同行一样，简单直接地去卖产品或者卖人设，客户是不可能在众多选择中选你的。

几年前，朋友介绍一位官姐向我咨询保险。原来，官姐认识了一位保险中介阿姨，阿姨无比热情地到机场接她，顺便带来了保险公司的两个人，出了几份年缴上百万的巨额计划书。

官姐觉得对方不太专业，找我咨询了四个小时。我也自信地发挥专业优势，帮她把对方的计划书分析和修改了一遍。官姐听后赞不绝口，临走时握着我的手约好三天后见面签约。那是一个跨年夜，我在凌晨 1 点才离开，缺席了和朋友的跨年派对。

但是三天后，我接到的却是朋友遗憾的电话。原来那位中介阿姨每天一早就去酒店接官姐，喝茶喝酒谈感情，讲述自己 20 多年前"新移民"一路立足的血泪史。年龄相仿的官姐听得热泪盈眶，第三次见面就直接在阿姨介绍的保险公司签单了。这位阿姨自己都没有保险从业资格，是帮保险公司拉客的"非法返佣中介"。

同样是初次见面，另一位客户小悠是看到我微博后，找我见面的。见面一次只聊了 40 分钟，她当即签下了 500 万的投资合同。两年之后，她又带着先生来，签了 600 万的投资合同。第三年，他们夫妻推着婴儿车再次找我，给孩子买了终身保险。

为什么这两位客户都知道我很专业，却有截然不同的结局呢？尤其是前一位官姐，和我在产品层面谈得更深、对我的实力更认可，却为什么选择了别人呢？这是我少有的"战败"，也让我陷入了深深的反思：专业的我，输给了只懂人情、连从业资质都没有的中介阿姨。专业输给人情，这合理吗？

其实这并不奇怪，因为客户选择的核心是信任。先信任，再成交。中介阿姨通过几天的把酒言欢，掏心掏肺地讲述血泪史，给官姐带来的冲击和信任胜过了理性判断。专业是带来信任的重要条件之一，但不是唯一。

1. 信任三公式

到底如何让客户信任你呢？我用亲身的经历提炼出这三条公式：

$$喜欢 + 专业 = 信任$$
$$喜欢 = 感性 + 心理价值$$
$$专业 = 理性 + 知识价值$$

（1）喜欢 + 专业 = 信任

在很多直接和客户打交道的行业里，我见过很多高专业度和高学历的人才。有位同事是博士，可以把几百页的核保手册倒背如流，好像一本工具书，问他什么问题都可以回答。但是这并不代表他能获得客户的信任。因为人是有血有肉的，从表面上看，做出决定是理性驱动，但背后最深层的驱动力量是感情。

查理·芒格说过，不要只看到钱，要选择那些你愿意与他交朋友的客户。创业者也一样，要先忘掉"卖东西"，想想如何让客户喜欢你。有了感性的喜欢，他们才会愿意了解你、认同你、信任你，先做朋友，再谈生意。

（2）喜欢 = 感性 + 心理价值

喜欢的背后，是感性的心理价值，包括：

◉ 触动情绪的真实故事：你最难忘的经历、高光时刻和至暗时刻的心路历程；

◉ 产生情感共鸣的意义：你人生中重要决定背后的原因和意义；

◉ 令人共情的回忆：你和对方的经历、爱好和价值观的共同点。

2016 年夏天，我在公众号为我的客户笑笑写了一篇文章。笑笑是一位年轻妈妈，她渴望给孩子配置教育基金约我见面，因为笑笑太少独自出门，那天还错过了早上的飞机。那天刚好台风过境，所有航班巴士停运。笑笑勇敢地坐"黑"出租 60 公里再换火车和大巴，历经 14 个小时后终于找到我们。

那一天我和先生一直和她保持联系，晚上 9 点在车站等到了笑笑。她看到我们在车站接她，特别不好意思地说："我的单太小了，其他朋友介绍的代理都不理我。你们夫妻还专门来接我、招待我，我太过意不去了。"

我们吃完饭送她回酒店，没想到笑笑为了给孩子多存点钱而省费用，住在居民楼里的廉价旅馆。第一次见到不同肤色男女混住的上下铺，我被吓到了，笑笑却笑着说没事很安全的，让我们放心。

第二天办好手续告别时，她握着我的手说："娜娜，我老公昨天早上送我出来时，叮嘱我无论如何都要办好孩子的事。我和老公都是农村考来大城市的，唯一的希望就是孩子将来有出息，比我们过得更好。谢谢你们对我这么小的单尽心尽力，我可以放心回去和全家人交代了！"

看着她背着一个大书包瘦瘦小小的背影，我忍不住流泪了。保险是离人性最近的行业，每一张很小的保单都承载着一家人的爱与期盼、信任与责任。

这篇文章是我的公众号里专业文章之外的第一篇感性文章，一发出去就感动了很多读者，在 4 年后还有人在文章下留言。后来有一位客户告诉我，最后他拒绝了朋友而选择了我们，就是因为看了我的这篇文章，无比感动。他觉得我们夫妻是有情怀、有使命感的人，对于一位小客户都这么尽心尽力，他也愿意把全家一辈子的保障交付给我们。

因此专业的人千万不要恃才傲物，觉得专业就够了。抛去表面的光环浮华，人和人之间真诚的链接和信任，才是事业真正的价值和意义。能够使人触动的，一定是真实的自己。你可以敞开心扉，向更多的人勇敢地分享你的故事。击鼓的人，永远不知道鼓声会传多远，同频的人一定会听到你、靠近你、喜欢你。

善于获得别人喜欢的人，也千万不要忽略了基本功。专业过硬才能让你走得更远、提供更长久的价值、获得别人内心真正的尊重。

（3）专业 = 理性 + 知识价值

最开始分享保险理财知识的时候，我不想硬推销产品引人反感，而想展示自己金融背景的专业性。在文章中我精心制作了很多 Excel 图表，还把经济学家的英文行业报告翻译出来，每篇文章都像一篇小论文。

然而，我收到很多读者的反馈，说"不明觉厉"，还有人皱着眉说："我知道你很厉害，写文章也花了很多心思，但是我看了后很想睡觉，可读性太差了。"

因此，我想提醒大家两个关键词：小心"知识的诅咒"，学会"降维沟通"。

❷ 知识的诅咒是一种认知偏差，即专家常以术语交谈，丧失了与非专业人士沟通的能力。自我感觉讲得很好，但是听众一头雾水。

很多背景非常好甚至是博士毕业的人，却很难做与大众沟通的工作，这就是知识的诅咒。因为他们对自己所拥有的知识太熟悉了，觉得一切都很简单，理所当然，但是大部分人和他们没有同等高度的认知，哪怕他们一遍一遍地去传达，别人都无法理解，甚至觉得枯燥和反感。其实解决这一点并不难，在创作内容的时候，不断提醒自己要有好奇心加同理心，也就是降维沟通。

❷ 降维沟通，就是把自己放在非专业人士的位置上，想想怎样可以用小学生都能听懂的方式，来回答他们关心的问题。有专业价值的内容不是晦涩难懂的专业术语，而是为别人提供所需要的知识，包括：

① 客户想知道的科普知识；

② 最新的市场资讯；

③ 客户缺乏的信息和资源；

④ 能解决客户疑难问题的丰富经验、专业技能和实操案例。

上面内容没有包含产品，因为产品信息本身很透明而且同质化。

2. 用专业性征服客户

想想当一万名销售员都在卖同一份产品时，你该如何把你的专业传达给客户呢？我从保险理财顾问的角度举例，希望能给你启发：

（1）你能否结合工作经验，在真实故事中讲解科普知识？

我喜欢结合工作当中的经验和案例，来传达简单实用的理财小知识，这样的表达不但生动，还更有代入感。在我刚生孩子的时候，我先生写了一篇《"新晋奶爸"应该如何配置家庭资产》，在讲述实用知识的同时，也分享了我们家庭真实的喜悦和温度。

除此之外，我还会邀请客户写文章。我的公众号有个小专栏叫"侠侣客户说"，分享他们为什么选择我们、喜欢我们。读者可以从故事中会看到我如何利用专业知识去接地气地解决问题，看到我对工作的认真态度，这样会提高陌生人对我的信任度和安全感，沟通的过程中也会减少挑剔的态度。

（2）额外"惊喜"的资讯和服务

在投资银行工作的那些年，我在无数个深夜和周末搭建财务模型，对着 Excel 表格计算现金流。现在我也经常帮客户计算现金流模型，设计家庭理财的未来计划，还会给他们分享最新的市场投资资讯。仅这个专业技能和独特资源，就打败了 99.99% 的同行。

在报名我们财富课程的同学里，有一位咨询过我保险却最终没买的网友。她在申请最后写了一段真诚的附言："那个时候在我眼里所有的保险代理人都无差别，所以选择了一份保费最低的产品。我后悔当初没有找你买产品，其实购买的不仅是产品，选的是保险代理人的隐形价值。比如，更多理财知识的扩充、各种价值观的探讨交流、正能量的传递，可惜之前我忽略了这一点。"

人们最感兴趣的话题永远是自己的问题，许多人失败是因为他们只从自身利益出发，只选择性地听取与自己有关的话题。至于其他的话题，他们总觉得这对我没有什么用，因此永远无法结交到更有意思的朋友，也无法做更有价值的工作。

在与别人的合作中如果想要获得回报，就永远不要把注意力只放在自己身上。不要总想着如何从客户身上赚钱，如何在很短的时间里成交获利，而应该关注对方需要什么、我们能提供什么帮助和解决方案。如果你可以帮助别人，并和他们成为朋友，那么其他的一切都会迎刃而解。

方向比努力更重要，可持续性比爆发力更重要，信任比金钱更重要。让客户选择你的真谛是给予，而不是索取。

5.4

聚焦你的第一个成功案例

在开始创业之后，最重要的事只有一件：全力以赴打造你的第一个成功案例，因为它是你的代表作。

任何领域的专家都一定有一个代表作，并且会不停地宣传自己的代表作。代表作的影响力是巨大的，很多歌星叱咤歌坛一辈子，其实只有一首歌被大家熟知。每个人也应该有自己的代表作，如一个你的产品和服务如何帮助客户的故事，可以让更多的新客户对你有信心，相信你也能够帮助他们。成功吸引成功，优秀吸引优秀。

这一节，我来帮你拆解一个完整的"成功案例"闭环。

倾听了解阶段：

（1）破冰、倾听与深入了解；

（2）发现需求、分析问题、推销观念。

专业方案阶段：

（3）传递关键价值点、达成共识；

（4）给予方案、消除顾虑。

圆满收尾阶段：

（5）销售演示，解决问题，圆满独家成交；

（6）获得客户满意和转介绍、传播成功案例给更多人。

这个流程是一个圆满的闭环，每一个环节都很重要。大部分人最容易犯的错误是急于求成，跳过了其中的关键步骤。

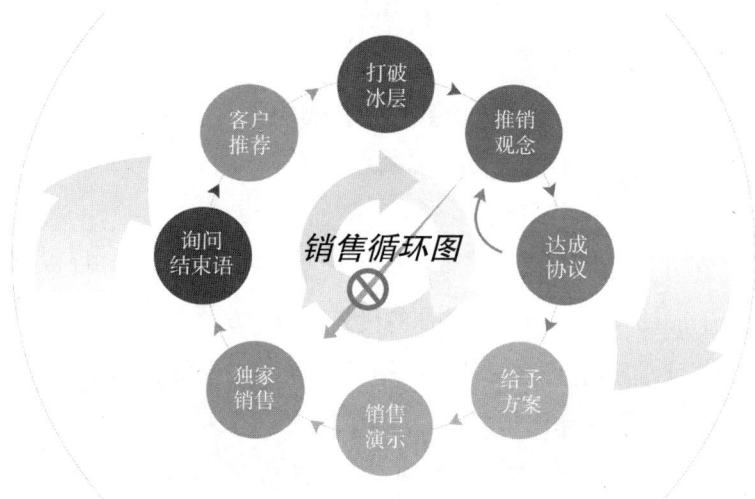

销售循环图

1. 倾听了解阶段

和你打交道的每个人都有一个出发点，你需要触碰他达成合作，你必须找到这个出发点是什么。不能靠说来判断，必须学会倾听，这才是最关键的地方。

我曾经见过一位非常成功的商业女强人雨燕姐。她在 20 世纪 90 年代初期从内地来到香港，一句广东话和英语都不会说，只有中学学历。她去公司找工作，秘书要求填表。她坐下一看申请表格都是英文，一个字都不认识，马上借口上厕所溜了，实在是太狼狈了。

几经周折，雨燕姐好不容易找到一份房产中介的工作，她非常珍惜这个机会，但她初来乍到，没有任何本地的客户基础。

她做了一件非常简单但是需要投入辛苦和恒心的事：每天晚上下班之后留在公司，等到大概 8 点左右，再开始按名单给客户一个个打电话。正好是饭后休闲时间，很多客户有心情和空闲与她多聊几句，她也耐心地了解了每一户人家的具体情况和购房需求。每一天都聊到晚上 10 点以后才回家，几年如一日。

就是凭这样实打实和客户沟通的硬功夫，让雨燕从卖中产公寓一步一步升级卖山顶豪宅，积累了第一桶金和一批私交极好的"铁杆客户"，不少客户后来位列富豪排行榜。她说："我的客户都是这样打电话一个一个积累起来的，他们对我信任到什么程度呢？在金融危机的时候，很多富豪在收低价楼。我的大客户们都是直接把一本空白支票给我，当时如果你拉开我的办公桌抽屉，你会看到一抽屉的空白支票。只要有机会，我直接就帮他们出价下定金，我全权决定填的数字，他们对我的信任就到了这种程度。"

有许多很努力却不得要领的人像乱枪打鸟一样去寻找客户，在不断被拒绝中心灰意冷。我们要掌握深度攀谈的能力：给对方深度的关注、建立真诚自然的亲密感。在交流中要直视对方的眼睛，倾听他们的话语，了解他们的需要。不要做一个奔波于各个社交场合追踪名人、趋炎附势、不断推销自己的社交花蝴蝶，而要认真倾听和了解每一位跟你说话的人，开启一段彼此信任的关系。

　　在这里也分享主动倾听的 3 个层次：最浅层是语言，更深一层是听出讲话人的情绪，最深的层次是听到情绪背后的动机。也就是"为什么"。

　　Simon Sinek 所著的《如何启动黄金圈思维》中有一个黄金圈理论。大部分人是从外向内，重心全部放在卖什么产品（what）、怎么去卖（how），以及怎么操控客户来达成交易上，而忽视了最核心的动机"为什么而做"（why）。

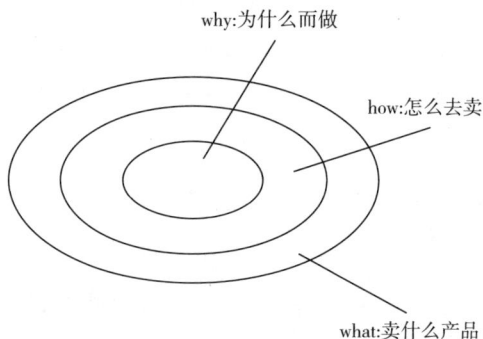

why:为什么而做
how:怎么去卖
what:卖什么产品

　　如果你想了解客户真正的需求，可以尝试在初次沟通时，就开始做这三个小小的改变：

　　❷ 自己讲话的时间尽量不超过总沟通时间的 20%，其他的时间都认真听对方说什么。

　　❷ 准备一张问题清单，了解和收集客户的实际与需求信息，

提高后续工作的准确率和效率。

❍ 从宣传式沟通转为询问式沟通，减少自我推销和展示。尽量不要说"你应该要什么"，而是询问"你需要什么"，理解客户真正的担忧。

2. 专业方案阶段

这个阶段是体现专业实力、满足客户需求的硬实力阶段，最关键的武器是主人翁思维：致力于解决问题的头脑、心灵和双手，永不推卸责任。

2018 年，剑铨遇到了一个非常有挑战性的客户请求。客户的公司准备上市，想通过大额保单把部分私人财产留给太太和孩子。由于保额过高、资产证明不足和客户的健康问题，这看上去是一个困难重重、几乎不可能完成的任务。

为了帮助客户的家庭，剑铨没有放弃。我们和团队在三个月里全力以赴：

❍ 设计最合适的持有人、受保人方案；

❍ 帮客户安排在美国做详细诊断，通过严谨的健康审查；

❍ 协助客户回答近百道核保部跟进问题和补充资料；

❍ 全权处理核保委员会意见，以及再保险公司的谈判意见；

❍ 协助客户计算股权估值、准备资产报告、通过资产尽职调查等。

我还记得无数个深夜，我先生和团队同事在 Excel 里计算并讨论客户的资产和股权估值，要准备什么类型的文件最稳妥，才能满足核保的要求。在复杂的咨询、投保、核保过程中，他还照顾客户的情绪，及时解答客户的每个疑问。真正从客户的需要出发，提供家族资产配置的专业意见，没有给客户带来一点额外的不便。

三个月的奋斗之后，没有靠高大上的人脉关系，没有一分钱的返佣回佣，百分之百靠专业知识、职业操守、团队精神和高度的责任感，剑铨携团队完成了一份保额为 1.5 亿元人民币的人寿保单，破了公司的某项纪录。

你是不是也把客户的事当作自己的事，对它负全责、不顾一切地满足客户的需求？还是做不到就算了？

任何一位行业的从业者，都是在用言行来输出他的价值观，也就是"信念感"。尤其是服务业，买的是人的服务。而人不同于物，是世界上最复杂的，不可预测，无法控制：就算你买得到人的服务，也买不到人的素质。

专业是功，态度是德。在任何行业，都请做一位可以靠专业和负责而持续获得尊重的人。

3. 圆满收尾阶段

一个真正圆满的收尾，是一段长久关系的开始。在我看来，如果一段合作关系没能带来良性循环，这一单哪怕赚了很多钱，都不算是一个圆满的收尾。

衡量"良性循环"的三个因素是：

❷ 客户是不是满意和感谢你；

❷ 客户是否和你三观一致，维持长久的信任关系；

❷ 客户愿不愿意在未来把你推荐给更多的人。

我一直记得一位读者，在我的一篇理赔文章下面愤怒地留言。他说："我的保险顾问是业绩金奖、销售女王，用豪华包还住着豪宅。但是这些对我都不重要。对我最重要的是：为什么成交之后就再不闻不问？我的住院理赔，整整半年她都没有给我回应！这样的代理人再光鲜亮丽、再成功富有我都鄙视，因为她配不上我当初的信任！"

我告诉自己，我和我们的团队，永远都不能做这样的人。在财富管理行业我们已经做到第 6 个年头了，为近千名客户配置了过亿资产。越来越多的新客户，通过老客户引荐而来。被人信任和支持的幸福感，才是事业最大的财富。

梁宁老师的一次演讲非常触动我，她说了这段话："我诚实地接受，我本来就是一个普通人。我不需要包装自己是什么牛人来给自己壮胆，只是恰好你有个需求，而你在这方面的积累不如我多，所以我用自己积累的那点能力，认真地帮你。我没什么要证明的。如果我今天帮到你，明天有更多的人来找我帮忙，于是我的专业度进一步积累，我就可以再帮更多人，这个就是我的增长飞轮。"

增长飞轮的含义就是永远都要把自己放入良性循环里，顺势而为。什么是势？对方认可你，欣赏你，愿意跟你真诚沟通、等价交换，这就叫作"势"。在一份长期的事业里，确保能够合作的都是互相喜欢和尊重的人，把时间和精力更好地服务认同你价值的客户，才会良性循环、越来越好。

4. 良性循环

关于良性循环，有两条原则。

首先，工作的意义并非眼前的大单小单，而是更长远的品牌和价值观的输出。

我们面对的并非是一个个佣金的数字，而是每一个活生生的人和他们背后的家庭。每一位客户，都理应平等对待。

我的团队里有位新同事，费尽心思找客户，终于谈到一张很小的消费型保单，满打满算他只能赚几百元钱。一天晚上他打电话和客户确定最终方案时，细心地多问了一句客户的生日，得知客户第二天就过生日了。生日之后保费会贵 5%，交二三十年保费，积累起来这也是一笔不小的额外开支。客户提交投保申请一定要与经纪人见面，并在电脑上现场签字。客户觉得当天已经这么晚了，来不及提交投保申请，晚几天贵就贵一点吧。

同事觉得要为客户的利益着想，他马上告诉客户：愿意打车赶到客户家楼下，在深夜 12 点客户过生日之前提交电子投保申请表。当时已经是晚上 10 点半，同事打车穿越大半个城市赶到客户家，并提前在出租车上填完了客户全部个人信息和资料。在午夜钟声敲响之前，获得了客户的亲笔签名，提交了投保申请。

对于同事来说，他赚到的佣金更少了，因为佣金是和保费挂钩的。但是换来的是客户的信任和感动，以及他对自己工作的价值感和使命感。从此之后，这位客户陆陆续续把全家的保险都让他配置，也放心地把他推荐给身边的朋友。

其次，客户的价值观和忠诚度，远远比成交额的大小更重要。

　　我们拒绝过三观不合、粗鲁冒犯的客户，也退掉过已经签发的保单，因为客户要求非法返佣，我们请他去和愿意铤而走险的人合作。顾客是上帝这句话很对，但是如果你无法拒绝不善的顾客，撒旦最后就是你的顾客。

　　我们不想标榜自己多么高尚，我们也一直觉得钱很重要。但我们从来没打算"赚一笔大的"，而是要"赚一辈子"，持续性比戏剧性更重要。放到一辈子这么长的时间里来看，很多事情就算能做，也不应该做；很多人就算能带来利益，也不值得交。

　　我们并不自称是道德高尚的人，但至少有很多即便合法的事情，也是我们不屑去做的。更多的时候，我们由于做正确的事情而赚到更多的钱。

——查理·芒格

　　为信任和认可我的客户，付出一生的赤诚去陪伴和服务，这就是我的价值观：选正的人，做对的事！

　　在创业的道路上，你也许需要做出很艰难的选择、放弃很多重要的东西。桥水基金创始人瑞·达里奥的《原则》一书我读了三遍，里面给我印象很深的一段话大意是：

　　生活就像一个巨大的餐盘，里面装着各种你意想不到的美食。选择一个目标通常意味着放弃你想要的一些东西，也得到另一些你更想要或更需要的东西。

　　有的人还没有起步，在这一步上就失败了。他们害怕为了更好的东西而放弃好东西，试图同时追求太多目标，最终却几乎一个都不能实现。

如果你以勤奋和有创造性的方式工作，你几乎可以得到你想要的任何东西，但你不可能同时得到所有东西。成熟，意味着你可以放弃一些好的选择，从而追求更好的选择。

在投行的时候，那张名片就是我的身份，也是护身符。到客户那里开会，列席的不是董事长就是 CFO，桌子上都会摆好写着我名字的名牌。有些客户甚至专门印一本小册子写上我们的名字和职务，招待得无微不至。大部分项目在北京，到北京常常住银泰的柏悦酒店，有时间不是和各国同事到 6 楼的秀酒吧喝一杯，就是邀朋友到高层的"北京亮"小坐俯瞰夜景。

我离开投行那天，所有附加在这份工作上的东西，全部都没了。很多人的态度从以前的满脸笑容，变成一脸鄙夷。有位前辈之前经常邀我去饭局，搂着我肩膀向其他人逐一介绍："这是我妹妹，从美国回来，xx 银行的副总裁！"我离开之后，她再也没理过我，逢年过节的祝福微信都没回过一条。

我是一个勇敢的人，但面对如此大的落差，我的内心也没有那么强大。失去社会身份的认同，成了我的心魔。

一个人的力量永远来自内心，如果一味向外界索取肯定性资源，"自我"就永远是一只漏气的气球，需要不断充入他人的肯定和爱戴才能保持形状，而经不起哪怕是针尖麦芒大的刺伤。

再回头看，我是谁？其实从来没有变。无论我的社会身份和职业如何变化，我都是我。无非是之前帮助企业，现在帮助个人，我内在的品质、对客户的负责和专业性从来没变过。我依然走在探索、成长、分享的道路上。现在社会和职场的改变越来越快，很多人面临巨大的职业和身份的变化，内心难免焦虑和惊恐。很多朋友找我谈心，聊到想尝试新的事业方向，又没勇气面对家人和朋友的偏见，我感同身受。

人们在形容阶层固化的时候爱说，"当你还在想方设法往罗马赶的时候，有些人就生在罗马。"这句话，其实也可以换个角度理解："有些人生在罗马，另一些人因为有勇气和胆识，也一样可以去到罗马。"你所关注的是目标，还是障碍或劣势呢？

我想对即将踏上和已经走上创业之路的朋友们说：不要用收入和身份定义自己，成为你自己想成为的，而不是别人所希望的。尊严从来不会因为你做什么就会失去，那是来自你心底的力量。心的强大，才是真正的强大。

我们都是不放弃成长的普通人，能承受失去，敢重新创造，想变得更好。前路可期，携手向前！

第六章

SIX

建立有战斗力的团队和持续性的商业模式

6.1

从单打独斗到拥有领导力和团队文化

有句俗话说，"一个人也许走得快，但一群人可以走得更远。"单打独斗总有局限和瓶颈，遇到有远见的领导、合适的平台和志同道合的合伙人，大家一起奋斗的指数型成长，远比个人缓慢而吃力的积累更重要。

我工作这么多年，和很多形形色色的领导共事过，看到不少个人能力很强的人，因为他们没有好的领导力，而遗憾地没能走得更远。在成长的道路上，我时时观察和总结，思考自己未来想成为什么样的领导者、建立怎样的团队。

1. 什么是领导力

对于领导力，人们有一个极大的理解误区，那就是混淆了企业中靠等级制度让人们听从的管理者，和创业时吸引人们跟随自己的领导者。我想说：管理者≠领导者。

管理者是被任命的，权力是他们所处的职位和组织所赋予的，很多管理者"官大一级压死人"，下面的人表面上不得不顺从，但内心不服他们、不尊重他们，也不想成为他们。我曾经遇到过一位能力很弱、欺下媚上的领导，人们表面称他一声某总，但私下里大家对他非常不满，人心涣散，半年里就离开了三四位核心同事。

而领导者则可以是任命的，也可以是从一个群体中产生的，领导者可以不运用职位的权力，而以自身影响力和魅力来影响他人的活动。韩非子说过："下君用己之力，中君用人之力，上君用人之智，用人之愿，斯为上上者也！"下等的君主只靠自己的才能，中等的君主利用别人的力量，上等的君主充分集纳众人的智慧，上上等的君主可以激发人们为愿景和理想而奋斗。

孙子所讲的"将之五德"，其中很重要的一个特质是"先见而不惑"：要比其他人更早地看到要去的方向，并且在前进路上绝不动摇。领导力的真谛就藏于这两句话的智慧中：能够看到长远的目标，也能激发大家一步步实现目标。《哈佛商业评论》有一篇关于"从管理者向领导者改变"的文章，把这一过程总结为"7种质变"：

从泥瓦匠到建筑师

从战术家到战略家　　　从被动者到主动者

从分析者到整合者　　　从急先锋到外交家

从专才到通才　　　　　从践行者到倡导者

从管理者向领导者改变的"7种质变"

- 从专才到通才；
- 从分析者到整合者；
- 从战术家到战略家；
- 从泥瓦匠到建筑师；
- 从被动者到主动者；
- 从急先锋到外交家；
- 从践行者到倡导者。

2. 团队文化

在你还是一个人的时候，就要想好你的团队文化。

一个领导者本人的思维方式和格局高低会直接决定这个团队的天花板在哪里，所以在建立团队的第一天，就要对团队未来的愿景有明确的定位和高远的格局。2017 年初，我和先生决定建立属于自己的团队，那一天我们将一张白纸摊放在面前，郑重地讨论和写下我们的文化与价值观。

保险行业是离人性最近的行业，也是学海无涯的行业。绝不是赚笔快钱就跑的闹市，而是广袤无垠的大海。在行业耕耘得越深入，内心越敬畏，小到保障和储蓄，大到资产配置、财富传承、婚姻法律、税务安排，作为企业和个人最后也是最基础的防线，这份沉甸甸的责任和使命岂是一句"卖出去单、赚到佣金就行"可以概括的？

自己奋斗是有点孤独的，我们夫妻希望有更多的人和我们一起奋斗，把我们会的都教给他们。我先生陪同团队同事见客户谈计划的时候，看到他们自信专业地为客户做咨询，感觉就像徒弟出师，发自内心地感到喜悦和欣慰。帮助每一位因为我们而加入这个行业的伙伴，让他们顺利地度过最开始的积累期，飞得越来越高。

我们的小理想就是帮助每一位加入我们的小伙伴成长和成功，在这个大都市安家立业，生活美满，事业精彩。

我们的大愿景是希望团队越做越大，能帮助一千万个家庭做好保障、守护财富，一生都不会陷入财务困难，一生保护家人稳定安全的生活。无论遭遇什么变故，都有足够的财务防火墙和风险免疫力，抗风险、反脆弱，小有所养、老有所依。

（1）"正"的团队文化

到现在团队成立已经 5 个年头，我们团队的文化始终就是一个"正"字：选正的人，做正的事。

工作正：优术、明道、取势。

❯ 优术：打磨专业知识和经验。

不做靠话术人情的硬销售，成为真正被客户信任、愿意托付一生保障的专家。

❯ 明道：明确价值观，先做人，再做事。

永远不要只看着钱，钱很重要，但绝不是最重要的目标。

❯ 取势：选对能长久发展的团队平台。

能够站在巨人的肩膀上，团队成员互相帮助、借力成长。

做人正：丰富、真诚、利他。

❯ 丰富：观世界，才有世界观。读万卷书，行万里路，经万千事，阅万千人。

❯ 真诚：做一个专业又有温度、持续获得信任与尊重的长期主义者。

❯ 利他：就是最好的利己，人品与能力一样重要。

务必做一个有温度、热爱生活、无私分享的人。你的经历越丰富，视野就越宽广，能包容的世界越大，能吸引和鼓舞的人也自然越多。

格局正：成长心态、团队精神、使命感。

❯ 成长心态：做一个终身成长者。

❯ 团队精神：团结互助、无私分享。

❯ 使命感：传承专业优秀的价值观，提升整个行业的标杆。

在我即将生娃的那个月，很多团会会议改到了我家里进行。有一天团队师姐蓉蓉和我新招募的师妹小 K 来我家里工作，蓉蓉一条一条地指导师妹详细的签单流程和注意事项，不知不觉就讲到夜深。那天晚上蓉蓉发了一条朋友圈，让我很动容："月底就要生娃的娜娜加油，团队新人的手把手教导让我来！即便每个人、每个家庭面对的只是我们中的一位，但都有我们整个团队的协力保障，后顾之忧不存在。"

2019 年底，我们公众号的一位读者费费来访，她说看了我的文章很久，最大的精神共鸣是看到我们团队对于社会持续的关心和责任感。从我在内蒙古为民族小学师生捐赠书籍，到邀请生于 1997 年 7 月、远在新疆的蒙古族少年格桑吉拉访问香港，让她最感动的是 2019 年 7 月我们团队的内蒙古旅行：4 天 4 夜的旅途中，我们在沙漠滑翔热舞、骑骆驼漫步大漠；在草原上策马奔腾，篝火烟花中看草原最美星空；去爱加倍星儿公益助残中心捐赠探访，与自闭症孩子们一起唱歌跳舞、欢笑拥抱。唱了一首又一首歌曲，孩子们拉着我们的手不舍得松开。

　　我告诉费费：我和我先生带领团队做公益，是希望让伙伴们看到并感受到不一样的生命。当他们面对工作的不如意时，会想起人的一生非常短暂，要珍惜自己所拥有的健康、亲人和工作。我们辛苦积累财富不仅为了能够改变自己的生活和人生，也希望能帮助其他需要帮助的人。费费被我们对于公益事业的用心而吸引。2020 年初她离开别的保险公司，加入了我们团队，很快就成长为核心成员之一。

　　无论什么背景和起点，只要建立起价值观明确的平台和团队，吸引和培养合适的团队成员，都能够帮助队员们迅速成长、靠专业和人品来获得真正的尊敬和信任。

　　（2）招聘之前灵魂 4 问

　　❖　三年或五年以后，你心中理想的团队是什么样的？

　　❖　你团队的核心价值观和文化是什么？

　　❖　团队里面要包含什么类型的人才？在你身边或者朋友圈里，有这样的人吗？

　　❖　你想要的这些人，他们会被你吸引吗？除了加入你的团队，他们其他更好的选择是什么？

　　在面试的过程中，我们会不断观察候选人言谈中的细节表现、话语背后的思维、对待行业的态度等。2017 年，有一位条件不错的应征者和我们商量能不能跳过最终面试，不然就倾向选择另一个不需要任何面试筛选"是个人就招"的团队。原因是她想早点拿到从业执照，因为有人介绍的一个大客户很快要来。我们了解清楚她的原因之后不但没有挽留，还庆幸没有在她身上浪费更多时间，因为这是无法改变的价值观问题。为了一点短期小利，就选择完全不选人的团队，放弃中长期的职业发展和专业培训体系，可以预见，短视之人的道路很难走远。

　　每一位领导者都要对自己的团队负责，清楚团队文化需要什么样的人才。

　　（3）筛选人才 3 原则

　　❷ 选择重于培训：最关键的是先选择对的人再招募，而不是先招进来再培养和筛选，让不合适的人自然淘汰、自生自灭。如果这个人根本动机就不合适，那之后的磨合，浪费的是双方的时间和精力。

　　❷ 质量重于数量：不要容忍低标准的人在团队里存在，因为这会伤害所有人，侵蚀团队的文化和追求。一个团队的标准并不是表现最好的人，而是排名最差的人。如果容忍一个低标准的人存在，并且把时间和精力浪费在不愿改变价值观和做事方式的人身上，那么就是在伤害整个团队及其未来。

　　❷ 态度重于背景：多数人犯的错误是挑人时先看学历、背景和经验，却忽略了对方的态度和价值观。价值观驱动行为，基本不会改变，而大部分技能可以在有限时间里学会，例如熟练使用软件、学习不同的理财知识等。因此，在挑选队友的时候，绝不对团队文化的根基妥协，价值观最为重要，而背景和能力是其次。

　　我们夫妻认为，一个人未来的表现等于能力 + 态度。能力可以不断培养和精进，初入社会的学生也可以在短时间内迅速成长为独当一面的领导者，但是态度是外界很难改变的。在对的团队里每一个人都可以是一支队伍，就算是小团队也可以产生强大的生产力和创造力，能够胜过很多文化欠缺、活力不足的大团队。

（4）面试的灵魂 5 问

第一问，你为什么要加入保险行业？对事业有什么追求？

这一问是找到动机，看对方是否做了足够的行业调查了解、全面考虑清楚，考查对方是否有全力以赴的决心、长期发展的承诺，还是仅仅抱着好奇和尝试的心态。你不付出诚意，我也不会贡献时间；如果一个人没有办法花足够多的时间去学习，也没有意愿给这个事业多一些投入，再好的培训、再多的帮助也无济于事。

第二问，你如何看待一些不正当但可以带来短期暴利的生意方式？

这一问看价值观，是长期主义还是短期赚快钱。在保险行业最浮躁的风口期，这个问题帮我们筛掉了 60% 以上的投机者。涉及根本的价值观，决不妥协。

第三问，你觉得进入这个行业你会面对什么挑战？你现在如何看待这些未来的挑战？

这一问看心态，是否有足够成熟和乐观的心理，来面对一个具有不确定性的行业和可能的逆境。

第四问，你希望加入什么样的团队？希望团队和领导给你哪方面的支持和资源？

这一问了解对方的需要，因为团队合作是双向选择，所以要看我们的价值是否匹配需求，能满足对方的长远职业发展。

第五问，你觉得你有什么能力会帮助你在行业发展？

这一问不要仅关注已有的职业经历、背景资源，更要看对方的性格、思维和潜力。很多人虽然没有资源或经验，但有很强的创业思维和沟通能力，有开拓市场的潜力。

3. 选领导和团队

如果你在选择跟随哪个领导、加入哪个团队，我给你两个建议：

（1）不要看外界人设来选择领导

很多领导者都会给自己设计一个励志人设：出身贫寒 / 婚姻失败 / 走投无路，进入 XX 行业艰苦奋斗、决不放弃，一两年内逆袭成年薪百万 / 千万的人生赢家。最后振臂高呼：你想和我一样逆袭、年薪百万、改变人生吗？加入我吧！这类自传故事可以应用在各种场合，很有感染力。起点越低越好，家境贫穷还不够，最好再欠一大笔债。这样才更能凸显逆袭和励志，同样没有背景的人会无比向往，以为找到了榜样。

曾经有一位读者说他进入团队才知道，他的领导明明是富二代，为了招人却把自己打造成草根逆袭的人设。他只顾着疯狂扩大团队，对团队里的每一个人都顾不上，很多新人产品计划书都不会做就出去见客户，计划书都叫秘书来做。所以，无论是讲故事的还是听故事的，冷静之后需要想想：

❥ Ta 的成功经历，我自己真的可以复制吗？

❥ Ta 怎么培养和帮助不同背景的同事持续发展呢？

❥ Ta 可以在这个行业能帮助我走多远？

❥ Ta 工作的具体方法是什么？其他人这样做绝对有效吗？

好的领导者一定具备以下几个特质：

一是专业背景和技能过硬：公开平台的背景调研一定要做足，不要只看对方自我包装的华丽头衔，要从权威的平台收集信息来验证对方的学历、工作资历、行业资格等是否真实。

二是培养与指导他人的能力：不断提供反馈，准确评价人，不做好好先生。一个领导者给别人最好的礼物是助其获得成功的力量，授人以鱼不如授人以渔，帮你快速认识到自己的不足、加速成长。

三是丰富的人生经历和专业经验：行业发展总有高低起伏，领导是否有经验指导你应对难关、启发新思维这一点是非常重要的。当你的客户基础打稳并考虑建团队的时候，你选的领导也需要具备培训或带领团队的经验来指导你进入新阶段。

四是包容与创新的跨学科思维：查理·芒格经常说的lollapalooza效应（好上加好效应），是二种、三种或四种力量共同作用于同一个方向，得到的不仅仅是几种力量之和，而是引发核爆炸。一个拥有跨学科的知识思维的领导，例如金融、商业、艺术、创业、自媒体等多领域有涉猎，会更加包容变化和不断创新，给队员带来受益一生的巨大帮助。

五是价值观是否与你一致。曾经来面试想跳槽的一位小姑娘说，原团队领导的培训就是发各种高大上的朋友圈。领导的原话是："你没有这么丰富的生活没问题，你可以复制我朋友圈里的图拿去粘贴。"这位小姑娘听完目瞪口呆，这不就是造假和欺骗吗？但是，团队里其他人都是这样做的，觉得很正常。我们曾经遇到几个类似案例的当事人，他们因为理念不合而和直系领导闹僵甚至反目成仇。

（2）选择有成熟培训体系和互助文化的团队平台

如果你是一位股票新手，打算入市购买人生中第一支股票，你会怎么选？稍微了解一点股市信息的人都知道，肯定要买历史久、实力强、表现稳、发展好的蓝筹股。事业上也一样，选择一个成熟稳健的平台能助你事半功倍。有些同行跟我说，自己本来是激情饱满地入行，结果遇到一个管理混乱的团队，慢慢地斗志被消耗殆尽。好的团队能让你借力，提供系统、全面的培训，更能分担你 60% 的忙碌时间。

衡量团队的标准不是看最优秀的人有多牛，而是看团队中最差的人在什么水平。有无数几百几千人的大团队，能反复站上讲台励志和吸引人的明星销售只有几个，更多的是在被裁边缘无力挣扎的炮灰。长久发展的重点绝不是跟定某个人照猫画虎地学习，而是有一个成熟专业的平台，每一个人都能在整个团队的文化氛围、培训体系和价值观中成长。

在成人的世界中，利他的团队精神太稀缺了。这是一种选择，更是一种能力。我之前面试过一位女生，我问她为什么看了好几个保险公司的团队，那么多亲友熟人，她依然会来找我这个网上的陌生人。她说之前去的所有团队都非常现实，高光只集中在那一两位销售冠军上，其他人都默默无闻。而我的团队所有的人都会被看到，在鼓励中携手成长。

有很多人离开了行业，也有很多人放弃了，但是我们团队没有放弃任何一个想要继续的人，而是见证着他们归零再出发。

有为了和团队一起工作，从深圳来到香港，封关半年都没有见到老公的伙伴；

有常驻内地，来香港隔离结束第一天马上签单，为团队做贡献的伙伴；

有为了客户能够顺利通过核保，准备 50 多页文件、坚持上诉9个月的伙伴；

有为客户东奔西走找特效药，准备文件到深夜的两个孩子的妈妈；

还有刚出月子，就为患癌症的客户全力申请理赔的三娃妈妈。

对于加入团队的新同事，我们经常和他们说："一定要珍惜区域的资源和互帮互助的文化，你的每一位师兄、师姐都是你的老师，他们都会热情地帮助你。"在一个鼓励分享、打磨专业的文化中，不是一对一的亦步亦趋，而是站在众多前辈的巨人肩膀上，每个人都可以在不同方面，轻易找到学习的对象和全面的培训资源，整个平台在带着你加速升维的"乘法"式成长。在你开始形成成熟的风格，尤其是准备建立自己团队的时候，你会真正发现一个团队的文化和培训的支持，会成为你未来发展的天花板或者助力器。

很多人觉得自己的成功和闪耀，完全是因为"狼性"与能力，而没有看到时势造英雄，曾经拥有的天时、地利、人和。风起时可以把任何人带上浪尖，而风走时也会毫不犹豫地把浪花碎成水滴。只有内心的品质和真正的团魂，加上一群愿意和你一起前行、希望看到你成功、随时向你伸出援手的伙伴，才能伴我们走过人生的高低起伏。

6.2

培养团队，"内功"比"招式"更重要

有一年，我们见了一位来咨询转团队事宜的同行小 M。她脸

色非常黯淡，反复说："我受到了很大的伤害。"小 M 刚入行业就有一位大客户咨询储蓄产品，小 M 担心自己是新人谈不好，于是向带她入行的师父求教。师父热情地说："拉个微信群把客户介绍给我，我帮你谈。"小 M 拉群把客户介绍给师父之后，就没有了下文，小 M 很信任师父也就没有多想。一个月之后，小 M 听说师父自己签了这位大客户的储蓄保单，年缴保费 200 万元人民币，小 M 一分佣金都没有得到，白白把大客户拱手给了师父。小 M 初入行就受到这样的打击，对整个行业甚至人生都产生了怀疑。

这样的利益纠纷在行业内并不少见，而更普遍的现状是领导帮新同事一起谈客户，不会私下抢单，但会要求分一半佣金当作"劳动所得"。在道义上，这样做并没有错，确实能谈成这张单，领导功不可没。一人出客户资源，一人出经验，分工协作看上去很合理。

我始终记得几年前初入行时，大年三十当天有客户来，全靠领导和同事的全程陪同和无私帮助，而他们在大年三十为我加班，却没有要求过一分钱回报。我也记得当年一位新同事的第一位客户是资深基金经理，他会自己建立模型计算收益率，提出的问题个个尖锐。我们全团队和新同事一起进行了数次深入讨论，客户最终从三家保险公司里选了新同事投保时，整个团队都为此感到兴奋和骄傲。

我看过俞敏洪老师在混沌大学讲的课程，最难忘的就是他对合作伙伴的分类：长期战友、短期利交。你怎么对待你的团队成员，取决于你是想要一位长期陪伴、共同成长的战友，还是各取所需、互相利用的短期利交。你可以充分利用新同事的人脉，最大化自己的利益, 明白分账、落袋为安。也可以选择更难但能走更远的路: 事先反复培训演练、辅助同事一起三方会谈、把所有的成功果实给同事。鼓励他们更快地学习和成长, 尽早独当一面, 培养出自己的后辈。后者比前者难十倍、百倍, 但是成就感也比前者大十倍、百倍。因为今天的汗滴禾下土, 是为了以后的桃李满天下。

在指导新同事方面每位领导都有自己的一套方法, 就像武侠小说里的不同派系, 有些精通 "武器", 有些追求 "内功", 有些偏好 "招式"。在一个行业里, 内功代表内在的心态、习惯、知识, 招式代表表达的话术和沟通方式, 武器代表最终希望卖出的产品。好的团队不能只盯着结果(业绩)看, 更要有帮助成员提升综合能力的培训机制、有针对性的个人指导、带动团队精神共鸣的价值观。

1. 我们创办的远景团队五大培训体系

职业思维与心态	专业硬技能			工作习惯与目标		专业软技能		领导力培养
突破心理障碍	职业规划蓝图	产品学习与专业知识	客户咨询流程	网站系统使用与客户服务	阶段进度复盘与调整	目标与工作计划	团队组织与协调	沟通表达、个人品牌	小团队带队比赛与复盘

(1)职业思维与心态

❯ 正确引导新人突破心理障碍;

❯ 协助转行的专业人士顺利走过过渡期;

❥ 用创业思维规划未来职业蓝图。

（2）专业硬技能

❥ 规范化的培训体系，短时间内大幅提升非金融专业队员的专业知识；

❥ 深入学习每一个产品，熟悉了解市场上其他同类产品；

❥ 客户咨询流程：陌生客户破冰、信息收集分析、资产配置概念、计划书设计与讲解、解答疑问等；

❥ 客户模拟沟通演练：团队分组练习、一对一实战测评；

❥ 熟练使用专业系统与网站，更快为客户提供服务。

（3）工作习惯与目标

❥ 写年度工作计划，让成员认真思考如何达成目标；

❥ 每周和每月都复盘工作表现和计划进度，动态调整和进步。

（4）专业软技能

❥ 团队组织与协调能力：定期举办线上和线下活动，包括兴趣爱好课程、公益活动与职业分享等。我们内蒙古的公益活动就是团队自己组织和安排物资及运送的，团队也自发组织了线下红酒课程、线上健身营、讲书社群等。

❥ 沟通表达能力：每周轮班主持早会、做内部培训讲师、鼓励分享心得和互相学习；

❥ 个人品牌：一对一打造独特的市场定位、自媒体输出培训；

❥ 推荐更多成长机会和支持资源：第一，为团队提供学习资源，报销优秀同事参加各类成长课程、专业证书考试的费用；第二，推荐优秀同事参加公开的专业比赛（2019—2020 年，我们的同事连续两年拿到香港杰出财务策划师的荣誉）。

（5）领导力培养

❶ 把团队分为小组，让有潜力的同事尝试带团队、教新人；

❷ 分组比赛和复盘；

❸ 定期一对一座谈指导。

2. 三个D

《家族财富》一书中提到，大家族要特别留心的三大威胁就是三个"D"，对于团队建设和管理也很有参考意义。

第一个"D"是分裂（Division），它是指一个家族出现不同派系时面临的威胁。分裂的原因有很多，可能是长期的争吵、嫉妒或者受到不公正、不平等待遇的感觉。我见过不少团队由于性格、利益、观点不同而分裂成不同的小圈子，不能团结一致，非常可惜。领导必须对这些潜在的分裂因素保持清醒的认识，建立团结的文化和价值观，及时处理可能的不公正和误解。

第二个"D"是不满（Dissatisfaction），即不应该让任何人受伤的感觉继续恶化。失望、不满或者和同事之间的关系恶化，都是对团队非常大的潜在威胁。人心散了，队伍就不好带了。领导者要定期和同事们做深度、开放的沟通，对情感动向有敏锐的洞察力。

第三个"D"是距离（Distance）。时间流逝和环境的改变可能会使得团队成员之间产生距离，距离不只是地理上的，更有感情上的。领导者要设法消除这些距离，保持联络畅通。比如，定期组织聚会，确保大家出席，鼓励彼此交流成就和生活等。我和我先生一直有这样的团队传统，就是每月邀请团队吃一次月度晚宴，精心挑选餐厅，大家在轻松欢快的气氛中，敞开心扉沟通交流、畅想未来。

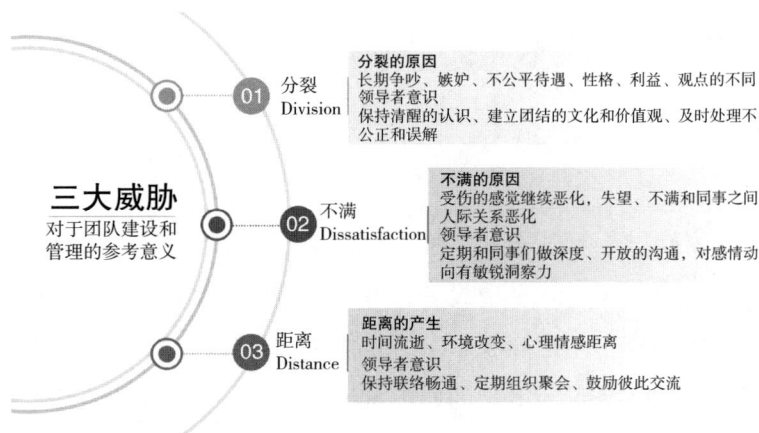

3. 培养领导者

培养领导者才是团队真正成功和持续发展的基石。一个持续发展而有战斗力的团队，不是靠领导一个人累到死，自己尽力不如借力系统。樊登讲过两种企业的组织形式：蜘蛛和海星，给了我很大的启发。

蜘蛛模式是常见的"自上而下组织"：凡事都靠领导，也就是中间的"大脑袋"，如果没有脑袋，身体就死了。

海星模式被很多出色的创业团队采用：海星不怕被切，切开一个变成两个，两个再切变四个，每个部分都能独当一面，成为一个独立个体存活下来。

许多团队的特点是"自生自灭、强者生存"，因为领导无法兼顾所有人的成长，因此只能留下销售业绩好的明星，弱的成员很快被淘汰，再不断招新人进来补充。这样频繁更替的团队，往往没有完整的系统让一位基础一般但愿意付出和渴望学习的新人快速成长。"自生自灭"型团队最终的结果是：吸引很多质量参差不齐的"追随者"，在频繁淘汰和换血过程中，团队人数和业绩只会以"加法"的扁平方式增长，团队领导的影响力只限于几位明星，很难有传承的效果。

那我们是怎么逐步培养团队的呢？

❥ 建立完善的系统、标准和全面的规则，大团队会因此节省大量无效的内耗和沟通成本。每一位新人进入系统，都能在最短时间内学到所需的知识和技能；

❥ 当现有成员的基础差不多打好后，会有针对性地按每位成员的情况，使其发展技能、提高专业知识和建立个人品牌；

❥ 业绩渐入佳境的成员，我们会传授他们如何继续稳定客户群和加强实战经验，培养成员的信心；

❥ 对于准备好成为领导的成员，给他们传授正面的管理和招募知识，培养其成为未来的领导者；

❥ 大团队定好规则，小团队就可以遵循系统规则来独立运营，少一个两个成员不会影响系统的表现。不依赖某几个明星员工或领导。

在系统下，每个人都可以是明星，这就是标准规则带来的系统稳定性。

在培训专业顾问的同时，我们也会培养潜在的领导者，他们的追随者会以"乘法"的方法逐渐使团队效果呈指数型增长，使团队的影响力和成长性更深远。

我曾经遇到过一位应征者，她说团队的创始人来自 A 省，非常喜欢组织老乡会，因此全团队 30 人全部是 A 省的女性。创始人认为做销售一定要性格热情，因此团队里的每个人都是按这个标准招来的，这类性格在销售行业里开局很顺利，但慢慢遇到不同地域、行业背景和要求多样化的客户，团队应对的思维和沟通技巧都高度雷同，她发现再也无法突破思维和能力的天花板。

如果你已经有自己的团队并遇到类似的发展瓶颈，代表你要进一步成长，进入完善团队组织的阶段了。一个好的团队结构不全是和自己高度相似的人，一个好的领导也不会把时间和精力平均分配给所有人。每位领导的精力和影响力是有限的，一旦直接领导的人数超过了 8 个人，就难以把规模做大做强。因为"人治"不能依靠系统来分担培养组员的时间，领导也无法无止境地腾出时间为自己团队制订更长远的计划。一个真正健康和持续发展的团队系统，绝不应该是单靠一位精神领袖来推动，而是在领导不在的时候，团队仍然能保持强劲的生产力。我和我先生的团队，由这四类人组成：

核心团队成员	短期合作成员	技能外包人员	顾问专家团
·一起打江山贡献最大的战友 ·团队文化与精神的传承者 ·背景多样化、能力与性格互补 ·未来领导者	·兼职成员 ·短期有贡献但以后会离开	·非核心技能（如 IT、设计、排版、线下活动）的外部服务人员	·高维度提供长远战略和发展建议的资深专家

桥水集团的创始人瑞·达里奥在《原则》一书中说过：伟大的合作如同爵士乐演奏，要把团队成员的所有技能像不同乐器一样组合在一起，同时自己要服从团队的目标，这样才可以演奏出伟大的作品。团队比个人更重要，所以要着眼大局，跳出思维局限，站在更高的层次看待整个系统中的自己和他人，而不仅仅依靠自己的好恶来取舍。

我想送给你几句话：

遇到某个人，他打破你的思维，成就你的未来，称之为贵人。

遇到一群人，他们会点燃你的激情，支持你的全部，称之为团队。

遇到一件事，赋予你使命感，成就你的梦想，称之为事业。

别人晒香车、豪宅、几年财富自由；我们吭哧吭哧写长文，分享怎么帮客户获得更快的理赔、更好的服务。别人满朋友圈贴"存几年富三代"的硬广告；我们在兢兢业业地做 PPT、算 Excel，自己算收益率做图给客户看，去公司网站找历史数据给客户参考。别人说做中介拉客户钱来得更快、更省事；我们几年来拒绝了无数要求合作的机构，不论客户的保费多少，我们都亲力亲为，尽心尽力。

我一直在告诉每一位团队成员：我们从何而来，我们的挫折与勇敢，我们的追求和信念。找到同路人，是为了影响和帮助更多的人，把这个有意义的行业，标准再提高一点儿，变得更好一点儿。为实现自己和家人更好的生活外，我们所追求和贡献的远超于此。你愿意和我们一起，把这个行业甚至这个世界变得更好一点儿吗？

6.3

商业模式"内循环"的力量：抓住
危机中的机会、控制转型风险

在顺利发展团队后，我和我先生从一个人划独木舟，到建立了一支众人齐心协力划龙舟的团队。最大的风险是：虽然每个人都可以独当一面，但本质仍是销售顾问，行业也都是保险理财。2020 年的疫情让我和先生深刻意识到：所有需要一对一和有物理地域限制的商业模式都很脆弱，如疫情下的保险行业。一旦市场有大的变化，我们这一艘小龙舟也许可以靠团队成员的互助与坚持，顶住暂时的风浪不会翻船，但单一业务依然会受到重创。

市场发生改变总是在一瞬间。如果想保持竞争力，就一定要在核心业务仍然健康发展的时候，去打开新思路、发现新大陆。很多商业人士提到格局要大，什么是格局呢？格局 = 空间维度 + 时间维度：

空间维度是思考除了现在的岗位、行业之外，在整个社会更广的范围里，怎样做得更多、影响更大？

时间维度是指不仅现在赚到钱，5 年以后、10 年以后甚至一辈子，你所做的事业和提供的价值，是否可以经得起时间的考验？

我们夫妻俩在金融行业，经历 2008 年的金融危机、2015 年的股灾和 2020 年的新冠肺炎疫情，人生和事业经历了好几次起起落落和归零再出发。在每次转型中，我们经历不同的工作方式和收入来源，深刻地体会到商业模式的重要性。

1."四个象限"理论

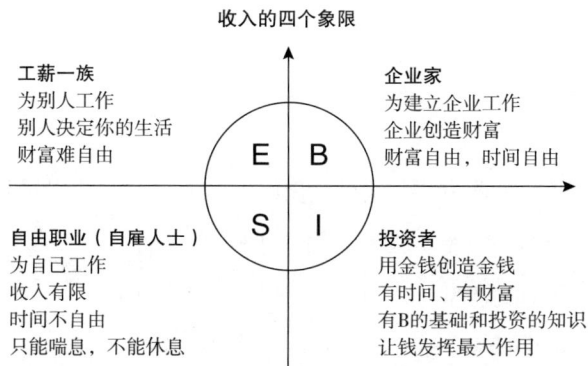

收入的四个象限

工薪一族
为别人工作
别人决定你的生活
财富难自由

E B

S I

企业家
为建立企业工作
企业创造财富
财富自由，时间自由

自由职业（自雇人士）
为自己工作
收入有限
时间不自由
只能喘息，不能休息

投资者
用金钱创造金钱
有时间、有财富
有B的基础和投资的知识
让钱发挥最大作用

《富爸爸穷爸爸》一书里提到"四个象限"理论，即将人分为四个象限：工薪一族（E）、自由职业/自雇人士（S）、企业家（B）和投资者（I）。

● E 是追求安全感，靠别人给工资的雇员，安全感来自一个稳定的工作职位。

● S 是追求独立的自雇人士，依赖佣金或按工作时间收费。

● B 是企业家，重视的是创造财富，为团队寻找最优秀的人，为尽可能多的人服务。

● I 是投资者，用钱来赚钱，最关注财务自由，追求投资回报率。在其他三个象限取得成功的人，并不代表可以在I象限也取得成功，比如，医生往往是最糟糕的投资者。

B 象限和 I 象限的人看重自由，关注可以为自己工作的资产。如果你的收入在你不工作后 6 个月内就完全停止，那你很可能属于 E 象限或 S 象限，而 B 象限的人就算几年不工作也不用担心收入问题。一个人从 E 象限和 S 象限向 B 象限飞跃并不容易，需要学习的不只是知识、技能，更是商业思维与领导力。

2. 三次转型

我们梳理职业发展和创造财富的过程，惊人地发现过去转型和收入模式的改变跟"四个象限"理论不谋而合。

（1）第一次转型：工薪一族 E 转向自由职业 S

2008 年全球金融危机，我先生的家庭生意一落千丈，从三层别墅沦落到上下铺，而他自己不但找不到工作，还背负了上百万元的学生债务。为了生存，他接受了一家小私募基金的工作，但工资只是市场平均水平的 1/3。在这家公司工作的四年里，他拼命工作，每周经常工作 7 天，从睡醒一直工作到凌晨一二点，但是他每一年的工资基本上没有涨多少。

我们夫妻两在大企业的工作强度很高，每一年投入的努力也很多，但并没有给我们带来同比例的财富增加。在一起规划结婚生子的未来时，我们强烈意识到继续当工薪一族不是长久之计，因为用时间赚钱的问题，就是你的财富受限于你能付出多少时间。如果要创造更大的价值和财富，我们就不应用时间来赚钱，而要用结果来赚钱。

我先生在 2014 年尝试直接裸辞创业，那是失败的一年。他成立了一家互联网相亲机构，却因为商业经验不足、对市场预期偏离，努力一年最终以失败告终。因此，不要贸然从打工转向创业，一个更合理的过渡就是先从自雇人士 S 开始，逐步培养"用结果赚钱"的能力和思维。

机缘巧合之下，一位专业又敬业的朋友小王带我们夫妻俩进入了保险行业。保险行业的每一位顾问都是自雇人士，与创业不同的就是，不用担负很高的成本和复杂的商业决策，可以用自己的专业知识和个人品牌去成长和成功。

（2）第二次转型：自由职业 S 转向团队商业模式 半 S 半 B

成为自雇人士后，我们不断地努力提升专业技能和建立个人品牌，同时作为投资者把赚到的钱投入金融和房产，不断增加资产和现金流。过了一段时间，我们开始发觉虽然收入没有了打工时的上限，但我们夫妻创造的财富依然受到体力、时间和地点的限制，收入来源是我们一单一单辛苦成交的佣金，和客户签合同也必须在线下面对面完成。如果不在外跑业务，"手停口停"，自然收入也停止了。

我们开始体会到团队的重要性，团队带来的力量是乘法，而个人自己的努力是加法。如果你是一位销售人员，你花一个小时见一位客户，在同一时间做不了其他事情，而一天的早、午、晚三个时段内你平均只能深入和 3 批客户沟通。假如你是一位 20 人团队的领导，每位队员在同一天见 3 批客户，那在一天的时间里，你的团队一共见了 20×3=60 批客户。而你除了获得自己个人业绩的"主动收入"外，还有团队业绩的奖金激励，这个是你不需要再额外花费时间就可以不断创造的"被动收入"。2018 年，我们团队帮助成员完成了亿元保单，在 250 多个团队中获得业绩第三名的好成绩；2019 年，我们团队在 950 多个团队中的业绩排名是第 7 名。

团队辉煌的成绩都依靠同心协力的队员和专业的培训系统，但当一切越顺利美好时，我们越需要居安思危、目光长远。如果没有疫情，我们会一直认为把团队规模做大，就已经成功从 S 象限转型到 B 象限，然而 2020 年的全球疫情让我们看清了销售型团队商业模式的根本局限：团队商业模式以 S（自雇人士）为核心的理念并没有改变，只不过是把原本我们自己一个 S 的时间，用乘法变成很多个 S 聚在一起来出售时间，依然存在业务单一化和集中化的风险。当疫情到来，整个行业的线下业务受到冲击时，人再多都没用，无论个人还是团队都会遭受灭顶之灾。

我们意识到真正的商业模式 B 不只是简单的数量增加和单一业务的不断重复，而要有"内循环"的能力，能抵御单一行业的风险和变化，提供更灵活的服务，满足客户线上和线下的不同需求。

（3）第三次转型：团队商业模式半 S 半 B 转向知识付费商业模式 B

2020 年是我和我先生的转型破局之年，我们在思考转型时没有贸然改行或增加新业务，而是在坚守主业的基础上，思考一个可循环的商业模式。我们最终选择知识付费商业模式，有以下几个原因：

◆ 知识作为一个"人人需要"的产品，客户基础和需求比单一的保险理财产品更大。

◆ 知识付费的形式可以很多元化和灵活，文章、录播课程、直播讲座和训练营社群都适用。

❽ 有温度、有情感。在学习过程中，加强用户与老师的信任和情感连接。

❽ 可以把一份时间销售 N 次，让更多人在同一时间快速认识并认可你，放大个人品牌效应。

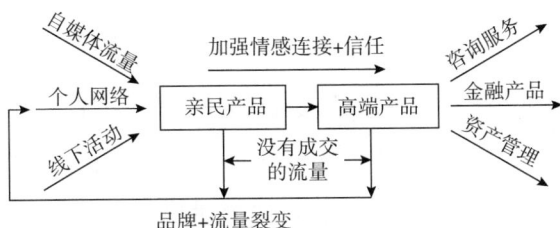

3. 拆解商业模式

要建立这样的商业体系并不难，我把商业模式拆解如下：

第一，花时间去开发跟自己业务相关的知识类产品。如果你的主业是卖化妆品，可以先从设计简单的化妆低价课程开始，例如白领在不同场合适用的妆容设计就是一个受众很广泛的需求。

永远不要在黑暗中去研究产品，而要 100% 进入对方的世界，根据市场反馈去准备大众想要知道的内容，否则你拼命地闭门造车，花一年造出一个你感觉完美的产品，但没有人买，你也不知道怎么卖，这是非常可悲的。所以，切记先做调研再设计课程，最好在正式开课之前，先招小部分人来做内测。

第二，通过自媒体宣传、个人朋友圈和线下活动来冷启动和传播，吸引第一批学员。这是最需要珍惜的种子学员，对每一位种子学员都要用心对待、培养感情，吸取大家的反馈和建议，不断进化课程内容。

提醒大家，如果做广告，广告费用一定要从收入中支付，这样才能持续循环下去。不要在没盈利时就烧大钱去做广告，烧光了做广告的钱之后就无以为继了。

第三，当积累了足够多的学员后，培养分层服务不同人群的能力。年收入只有 5 万元的人需要的是高性价比，而有 2000 万元资产的人需要的是一对一的定制服务。对于更高阶的需求，要开发出更有针对性、价格更高的高阶产品来满足。例如，成为用户的私人形象顾问，一对一提供付费的形象设计咨询。

第四，学习营运社群。知识付费的课程跟一般机构的课不一样，学员需要的不仅是课程和知识，更需要一个温暖的成长环境和有归属感的社交圈子。除了讲课，也要鼓励分享和组织活动，让社群的同学之间建立更深的感情关系。

第五，建立一个正反馈的良性循环系统，让用户更忠诚。老用户既会重复购买或者使用，也愿意对外分享在课程和社群中的正面体验，用口碑相传带来更多新学员。每经过一次课程的循环和分享，影响力就会加强一点。以太网的创始人罗伯特·梅特卡夫提出了计算网络价值的定律 $V=N^2$，网络的经济价值相当于用户数的平方，也就是随着用户增加，价值会呈几何级数增长。

我和我先生在 2020 年从免费的公益讲座开始，开发过 99 元的读书营，399~599 元的财富训练营，再到 1999 元的高级财商实战营。一些学员非常乐意把课程介绍和个人收获分享到朋友圈，让更多人联系我们。短短几个月之间，我们已经积累了 500 多人次的学员，从知识付费课程中创造了六位数的收入，还没有包括其他更高阶的咨询和金融产品服务。

在这个过程中，我们非常重视运作模式能否被复制和扩大。我们自己能做什么并不重要，重要的是不但我们能做，而且可以让别人跟着自己做。很多创业明星之所以遇到增长的瓶颈，就是因为过于强调个人的能力，而忽视了让更广大的员工复制自己的成功。

我培养团队的几位核心成员担负起课程辅导员的职责，和很多学员培养起感情和信任，有一位核心成员费费更被学员邀请成为一对一的财富教练。传统的销售人员需要一个个辛苦地寻找客户、面对无数拒绝和不尊重。我们夫妻之所以咬牙进入这个门槛很低的行业，就是希望主动承担教育的责任，重新定义行业的标准，培养一批专家顾问式的家庭理财专家，获得认可和尊重。而建立一个"自循环"的良性商业模式，会让整个团队用自动化和规模化的商业模式传播专业与知识的力量，与真正认可你的学员和客户成为朋友，有尊严、快乐地赚钱。

打造一个商业系统，有以下几个重点：

第一，不要急于求成。你不可能第一次就得到足够多的喜欢和信任，吸引用户就像漏斗，你的开口要够大，也就是努力让更多的人先知道你，其中总会有一定比例的人来购买。知道你的人越多，你提供的内容越有用，选择你的人才会越多。

第二，价格和品类层次化（成熟老产品 + 灵活新产品），尽量有互不相关的产品线。很多人往往只销售一个产品，这样会浪费你吸引来的信任。要设计不同层次的产品，才能满足不同用户的需求。

第三，你和用户的关系就像谈恋爱一样，约会并不是目的，最终是让对方成为你的铁粉，跟定你。因此要通过产品和服务的循环，不断为信任你的人提供更多价值，培养长期忠实的客户。如果你有了一群真正的铁粉，你的企业和品牌就会非常值钱，他们认可你的价值观、尊重你的价值、愿意付钱给你。

如果把客户比喻成飞来飞去的蝴蝶，那么忙于从一对一的传统模式赚钱的人就像制作网子，拼命奔跑、挥舞网子，希望努力多捉到几只蝴蝶。而创造商业模式的人，就是盖起一座美丽的花园，蝴蝶自然会被花香吸引过来。你若盛开，蝴蝶自来，哪怕有人把飞来的蝴蝶抓走了，隔天还会有更多蝴蝶来找你。花园里百花齐放，包括丰富的知识和资源，强大的个人品牌和影响力，共同奋斗的团队等。也许建立花园的过程更辛苦、更长久，但会带来真正的成功。

6.4

学会战略思维和平台借力，整合更大的资源

有人说创业分四个阶段：

- 独木舟阶段：靠个人能力，能获得小成功；

- 龙舟阶段：靠组织能力，能获得相对大的成功；

- 轮船阶段：靠系统运营，能获得持续成功；

● 航母阶段：靠平台整合资源，才能超级成功。

2020 年是我们从龙舟到轮船的过程。我们在建立知识付费的商业模式时，最初的半年我们两人投入了大量的时间和心血，每天在桌前的工作时间平均 10 个小时，撰写了数十万字智慧与经验凝结成的知识产品，包括讲书课、视频号课、财富管理课、个人咨询系统，还有这本你正在读的书。随着我们开发好不同的课程，搭建起营运团队，形成一个内循环的商业系统，下一个阶段最重要的是什么呢？

1. 企业的战略思维

策略管理之父安索夫所提出的安索夫矩阵，是应用最广泛的战略分析工具之一。他认为企业发展要考虑两个维度的因素，一是生产什么产品，二是进入什么市场，所以有 4 种不同的发展策略，形成 2×2 的矩阵，代表企业达成收入增长目标的四种战略选择。

	原有产品	新产品
新市场	市场开发	多元经营
原有市场	市场渗透	产品延伸

（1）原有产品＋原有市场＝市场渗透，这也是所有创业者的最初阶段，专注一个强有力的旗舰产品，专心地进入和巩固一个市场。

（2）原有产品＋新市场＝市场开发，考虑能不能为现在的产品开发一些新的市场，扩大销售规模。我们建立和培训团队，就是用更多的人和时间的乘法效应，来扩大产品能触及的新市场。

（3）原有市场＋新产品＝产品延伸，考虑能不能为这些已经拥有的市场，开发更有力的新产品来延伸自己的产品线。我们之前积累的客户就是我们的原有市场，很多客户是我们开发的新产品财富课程的第一批铁粉用户。

（4）新产品＋新市场＝多元经营，开发不同的新产品去进入新的市场。这是最危险的战略，很多创业者犯的最大错误就是贪心或者想要做斜杠业务，直接进入多元化的市场，战线拉得太长，对市场又不够熟悉，所以很容易失败。

在我们做金融保险行业的前几年，正赶上财富管理的火热风口，那几年基本上每天都有人来约我们谈合作，有人希望把他们的投资产品卖给我们的客户，也有人希望介绍客户给我们赚佣金。我们没有答应任何一个合作要求，而那些号称自己什么产品都能卖、什么客户都能做的"全产品全市场"公司都消失在了风口中。2019 年一位来面试的同行女生，三年连续换了三家财富公司，每一家都是在盲目的产品和市场扩张之后，无法应对市场变化和增长变慢，无以为继而倒闭。

每个创业者除了内部系统思维，也要有外部平台的合作双赢思维。不要仅仅看到自己行业的竞争者和格局，还要看到更大的环境里共生的可能性，分辨什么样的合作有双赢甚至多赢的价值。

2. 可以尝试的三种合作方式

2020 年，我们尝试了三种平台的资源合作方式：

（1）互相站台，互换粉丝

在我们的视频号做到头部大号之后，认识了很多其他优秀的大 V 博主。如果我们双方互相欣赏，就会在自己的视频号专门设计一条推荐对方的视频。关于视频的文案和内容双方会一起讨论，剪辑完之后也会商量好在同一时间推送和宣传。这是在用各自的影响力和人品给对方背书，也是一个优质的持续性用户新增来源，不但信任度高、传播受众大，而且高质量、零成本，不需要额外的广告营销费用。

2020 年下半年，合作互推过的视频号大 V 包括互联网博主郭郭、创业博主龙东平、生活博主 Vivi、母婴博主查理校长和财经博主朱大鸣。每一位朋友我们都深入交往过，他们都是各自领域非常专业且权威、影响力数一数二的专家。通过互相站台推荐不仅加深了友谊和未来合作的可能，也实现了粉丝的交换，让我们的粉丝更加多元化。

（2）与平台合作互补

我们的知识付费系统影响力扩大后，有不少金融行业相关机构找我们链接，包括基金公司、券商、区块链和地产公司等。

经过慎重考察和研究，2020 年 8 月我在高端财富课程中引入基金公司，为学员提供平时只给高净值客户的市场信息。这些信息能帮助学员更准确地判断市场形势和投资机会，获得学员的一致好评。2020 年 10 月，我们与一家大型地产公司合作，为当期财富课的学员小范围提供了内测服务：到大湾区考察房地产。这一次三天两夜的考察活动，行程接待由当地房产机构安排，行程结束后，每一位学员都收获满满、感谢不尽。

为了给用户提供更好的服务，合作筛选的标准必须严格。我们选择合作对象有 3 个标准：

❷ 业务和我们的主业相关，一定要在金融、理财、投资领域。

❷ 业务与我们彻底互补，提供的价值是我们目前不提供的，或者是我们可以自己开发但成本过高的。

❷ 专业程度必须与我们自己相当。我们只挑选头部的领军企业合作，不够专业的，绝不合作。

（3）内容互助与长久合作

知识付费的商业模式就像一个大舞台，用户就是千千万万的观众。要让你的舞台热闹起来，大家就要懂得邀请更多的明星来做表演嘉宾，同时广结善缘，多去其他的舞台上分享，给观众物超所值的丰富体验。

在财富课程中，我们邀请过很多嘉宾讲师。比如，个人商业顾问赛男老师、精力管理教练 Luna、vlog 视频拍摄顾问 Vivi 等，我们也受邀在其他机构或老师的社群中分享，比如中正达广基金公司、樊登读书牛人高手圈、畅销书作者李菁、社群增长实战专家褚运七等。每一次分享，都是一次互相借力的过程，也加深了我和其他优秀老师的友谊，打开了更多合作的大门。未来我们还打算与其他平台共同举办活动、互相邀请做直播，探索和创造更多的合作机会。

每个机构和老师的背后，都是一个个不同的全新社群。每一位用户都是有血有肉的人，都有着多样化的学习和内容的需求，互助和合作的关系才会互利共赢、广结善缘、整合资源、走得更远。

成功人和一般人的区别是：普通人做了很多事情，但是这些事情互相之间没有关联性，没有协同效应，不能够叠加和放大发挥杠杆作用。而成功者做的事情很少，但非常注重质量和内在关联的逻辑，所有事情看上去互不相关，但背后都围绕着一个主题，叠加起来能够发挥更大、更长远的作用。

《有限与无限的游戏》一书中指出，我们做的每一件事，或者是一个只为了获胜的有限游戏，或者是一个不为暂时输赢、只为一直继续下去的无限游戏。在这个世界上，永远都不存在一个完美的职业或一场一劳永逸的竞争，因为趋势是在变化的。当你以为自己进了一个大平台就从此安枕无忧，或者获得一次市场成功就可以一直赢下去时，那就大错特错了。

每个人都有局限性，没有人能一辈子永远都赢。但是每一个和我一样的普通人都可以选择不下场、不出局，笑对人生的变化起伏，把自己的无限游戏玩下去。

在结束商业模式这一章时，我也分享给大家以下六点受益一生的商业心得：

- ❷ 要有必胜的勇气，知道去哪里寻找知识和资源，没有路也可以开路。

- ❷ 要敢于颠覆固有的观点和做事方式，不断转型和创新，提前活在未来、创造未来。

❷　拥有智囊团，强大的团队和导师顾问，有专业的人认可你、帮助你、支持你。

❷　有应变能力，对变化有警觉，发现变化之后，要多问几次为什么，去研究变化背后的原因。当发生激烈变化的时候，你比别人需要的修正时间更短。2020 年疫情之初，绝大多数人还在束手无策等待的时候，我们已经启动了从线下到线上的转变，在半年内完成了一系列的知识付费产品、打造明星 + 专家的品牌，还写了这本书。我们所做的一切，是很多人两到三年都没有达到的成果。

❷　像英雄一样，不怕磨难。好莱坞大片里的英雄，总是经历无数磨难然后涅槃重生，获得最终的胜利。我不知道每一个改变之后会是好还是坏，我能做的就是走好每一步路。正是因为绝大多数人没有足够的勇气和魄力，所以英雄才能够鼓舞和引领他们。

❷　最重要的一点是，我觉得即使团队和平台再大，永远适用的行事原则就是稻盛和夫说过的"利他之心"。不把自己的利害得失而把是非善恶作为人生中一切判断和行动的基准，就是实现成功和幸福的唯一关键。

第七章

SEVEN

如何更好地获取
财富

7.1

五年内从千万负债到千万资产

▼

很多人听过"你不理财、财不理你"这句话，一听到"理财"就兴奋、着急，想把钱赶快投到股票或理财产品中去"钱生钱"。很多客户和朋友问我理财建议，我通常会问三个简单的问题：

（1）你每个月的税后收入扣除所有开支后，大约剩下多少钱？

（2）除银行现金之外，你的资产总值大概是多少？

（3）你买过的理财产品目前是赚钱还是亏钱呢？

大多数人会犹豫很久，无奈地回复："我确实不太清楚。"很多人生活顺利的时候对财富管理不闻不问，出现问题的时候才心急如焚。

1. 理财的第一步

理财的第一步不是决定买什么投资产品，而是诊断和梳理自己的财务现状、资本实力，清楚能承担多大的投资风险，才不会犯大错误。

2015 年的股灾让我所有的流动资金灰飞烟灭，老家的一套房子也消失在股市中。2016 年年初我想要辞职去创业，当时才沉痛地发现：我的银行账户上只有几万块钱，但我欠的房贷是 800 多万元，其中有 300 万元是从公司借贷的辞职的时候必须还清的员工贷款。因为我没有办法在 3 个月内拿出 300 万元去还欠公司的员工贷款，所以把我的房子挂在了中介，开出了较低的价格。

但是当时市场不景气，香港的房地产市场突然在走低。而几乎所有人都是追涨杀跌的，也就是说市场越有降价的趋势，大家给出的价格就越低。我家楼下的另外一户人家因为投资失败，欠了高利贷，所以用跳楼价把他的房子连同车库用一个惊人的低价卖了出去。这导致整个楼盘的参考价格都降低了，所有买家都参考这个价格来大幅杀价。

当时有一对特别有诚意的情侣来我家看了三次房，最后他们给出的价格远远低于我开出的价格，甚至等于我四年前房子的买入价。我当时觉得这个价格实在无法接受，万幸拒绝了。之后半年，我在我先生的帮助下还清了贷款。我常常后怕：如果我当时没有其他选择，又急需用钱，我是不是只能接受这个低价，忍痛卖出房产呢？

在那个时刻，我才明白：挣多少钱不重要，最后留下来的钱，买到可以增值的资产，才是真正属于自己的财富。

之后 5 年，我从破产边缘的低谷一步步逆袭，实现了千万负债到千万资产的命运转折。

2. 3 个理财思维工具

这几年我学到了 3 个重要的理财思维工具：梳理支出、重整债务、增加现金流。

（1）梳理支出

经历股灾后，我才真正坐下来阅读自己每个月的银行账单。把过去 6 个月的资金进出记录下来，发现每月仅贷款就超过了收入的 66%，每个月的储蓄比例仅 2%！

工资收入	100,000 元	占收入比例
税务贷款	30,000 元	30%
房贷	36,000 元	36%
信用卡还款	24,000 元	24%
每月现金开支	8,000 元	8%
储蓄	2,000 元	2%

另外我还有很多分期付款的项目，包括健身房私教课或美容计划续费，但这些服务我都没怎么用过。每个月好几千块钱自动从我的银行流走，我都没有注意过。根据我先生设计的诊断表，我花了一年时间彻底扭转了岌岌可危的财务情况。

第一步，拿出半年的银行流水单，勾画每一笔支出，包括居住费、交通费、通信费、日常生活开销（水电煤）、休闲娱乐费、贷款、保险支出等。

第二步，把每个月各项支出严格记录下来，和上个月做对比，再调整可以砍掉的支出项目，目标是不断减少非必要的开支。

什么是非必要的开支？就是你"想要"而非"需要"的花销。比如，去餐馆吃一顿饭是刚需，在菜场买菜回家自己做就是"需要"，而一定要去人均消费过千的米其林餐厅还要拍照发朋友圈，这个开支背后更多的是"想要"的欲望和虚荣。分享一个经济学中的概念——拿铁因子，是指人们每天生活中可有可无的习惯性支出，例如每天一杯拿铁咖啡、跨行提款的手续费、看到直播促销就买的眼影等，看上去每笔花销都不多，但聚集起来就是一个大数字。

我大刀阔斧地砍掉非必要支出后，每个月能多省下一万元，储蓄比率从2%跳升到14%，本来一年只能存2.4万，现在变成了14.4万。简单的支出，也可以创造一笔小财富。你可以梳理一下自己过去的花费中，有多少"想要"可以立即砍掉？你真正的"需要"占了多大比例呢？我很喜欢一句话：要想积累财富，在检视开支的时候，要经常注意自己的"伪需求"。伪需求就是将消费与"爱自己""享受人生"和你的身份挂钩，设计购物节日，为你贴标签。我们与别人去攀比和追逐最新的消费产品，关心别人开什么车，穿什么衣服，买什么东西，是因为我们受到社会群体的影响，想让我们看上去很好。而对于消费的攀比表现出冷漠的人，具有更好的机会去积累财富，抵御生活中的炫耀性消费。

有个有趣的故事：一个有钱人买了一艘游艇之后又卖了，他说我生活中最高兴的两天，一个是买这艘游艇的那天，另一个是卖掉它的那一天。其实任何外在的物品对你的影响，都没有想象的那么大。购买不是刚需的产品，就是在交"被资本剥削的智商税"。有钱人的最高指导原则是"投资"，花出去的钱，是为了带来更多的财富流入。而普通人是"消费"，一生都陷入不断消费的陷阱，从商家编造的规则和价值观中购买身份的标签，虚幻的美好体验，却始终没有积累财富的原始资本和思维模式。

你拥有很多消费品和奢侈品，只能表明你很会花钱，并不表示你很会赚钱，更不能表明你有能力和成就。纯粹的消费品，带不来你进入上流社会的门票，也带不来未来的财富。真正能够把收入转化为财富的人，可以忽略消费习惯，专注于不断扩大自己拥有的净资产。所以要关注的不是消费多高，而是创造了多少、积累了多少。这对你有启发吗？

（2）重整债务

调整了消费后，我就开始调整负债。我采取了"短债换长债的策略"，把一年还清的贷款换成分 5 年还清的贷款。因为期限拉长了，每个月的债务支出瞬间从 3 万元降到 6000 元，马上释放了 2 万多元的现金流，一年又多存 20 多万元现金。通过消费和债务的调整，每年我释放了 40 多万元的现金，以此换取更多投资机会和应对风险的流动性。

有一类"误把负债当资产"的情况在中国非常普遍，就是房子带来的纸面富贵。过去几十年房产的增值创造了不少富人，但对于大多数只有一套自住房并背负高额房贷的普通人来说，房子并不是能带来收入的资产，而是每个月都要不断还钱的负债。房产只要不出售，就获取不了资产增值的价值。

如果你的房贷和利息都很高，一定要留足够的现金，以备工作变动、失去收入而影响还贷。同时可以留意其他银行有没有更好的贷款可以转换，寻找拉长期限、减少利息支出的机会。

（3）增加现金流

大家普遍听过"现金为王"，但我认为"现金流为王"是更准确的理念。拥有一笔现金也许心理上很安全，但现金只放在银行账户创造不了收益，还会随着通货膨胀慢慢贬值。我们夫妻平时把能维持一年半生活的资金放在银行，其他现金会做合理投资，主要分配到能不断产生现金流的资产上。

投资的目的有两类，一类是资产增值，希望卖出时这笔投资的市场价值更高、获取差价收益，比如股票、房地产、股票基金等。这类资产要等到卖出后才知道赚了多少钱，所以增值和盈利的不确定性很高。

另一类是获得现金流收益，比如定期派息的基金、定期分红的公司股票等。你会每月或者每季度规律地收到利息收入，用落袋为安、踏踏实实拿到手的收益再投资增值性的资产。重复这样的投资模式，你的资产就会像滚雪球一样越滚越多，同时可以维持原有的资本实力。下面是我的家庭投资用于创造现金流收入的部分投资组合，供大家参考。

投资资产类别	资产 / 行业	门槛（美元）	派息时间	最近一年派息率
全球债券派息基金	综合	1.5 万	每月	7.1%
北美大型天然资源基建公司	天然资源	每股股价	每季度	9.5%
北美天然资源基建公司	天然资源	每股股价	每季度	4.5%
北美房地产信托公司	商业地产	每股股价	每季度	6.8%
海外储蓄资产（复利）	债券 / 房产 / 股票	最少 4 千	年度	5.3%

我的故事告诉你：不要只知道自己努力工作，却不知道如何让钱为自己工作，因为你的收入并不代表你的财富。衡量财富的单位有时候不是数字，而是时间——如果失去了现在的工作，你账上的钱能支撑多久呢？赚了多少钱并不重要，能留下多少钱以及能留住多久更重要。

7.2

分清投资和投机，是财富之路的第一步

几年前，我遇到过一位非常有背景的商界大咖王哥，给我推荐了几只"必涨"的股票。我重仓了他推荐的一只股票，一切看上去都非常完美，我 5 元买入，不久就涨到了 6 元，之后逼近 7 元。王哥提醒要继续买入，未来一个月内会到达 10 元。所以我就自己继续繁忙地工作，等待这个股票继续涨。

但所有人都没有预料到的是 2015 年 7 月的股灾，先是在 A 股市场爆发，之后很快就蔓延到了港股。王哥一开始说不用慌，但后来情况越来越控制不住。因为港股没有涨跌停机制，我亲身体验了股市的残酷，眼睁睁看着这只股票一天跌了 50%，第二天又跌了 50%，最后从 7 元变成了 1 元。直到现在 5 年以后，它依然是 1 元，原来那家公司的大股东顶不住，早已撤资离场了。

我辛苦工作一年的存款和家乡的一套小房子，就此彻底融化

在了股市里。现在回头看，我根本没有深入了解这个公司到底有什么价值和前景，只知道 100% 信任和跟随牛人的推荐。在我从事财富管理行业后，见到了更多听了别人的建议去投资而被套住或血本无归的朋友。无论这个别人是你信任的朋友、同事，还是赚过大钱的理财专家，都要切记走向财富之路的第一步：分清投资与投机。

1. 正确区分投资与投机

早在 1973 年，本杰明·格雷厄姆（沃伦·巴菲特的老师）的著作《聪明的投资者》中已经尝试对投资和投机最主要的区别进行概括，他简明扼要地指出：投资就是以低于价值的价格买入的过程，投机则是在预测趋势。

（1）投资 VS. 投机

投资和投机的差别是什么呢？我们在这些年亲身经验的基础上，又参考了很多投资书籍和研究文章，给大家非常详细地总结了这两者的对比表。

投资	投机
持续性——细水长流	戏剧性——一夜暴富
趋势——客观规律支撑	风口——从众入场
做足准备入场	听到风声入场
不需择时	必须择时

续表

投资	投机
长期持有	频繁交易
主要用自有资金	借贷 + 高杠杆
追求稳健的收益	追求高风险、高收益
买入那一刻就有收益	卖出去才有收益
有现金流入	没有现金流入
期待收益：$X\%$	期待收益：X 倍

从表中可以看出：投资在你买入它的那一刻开始，每年都能获得持续的收益，而投机则完全不同，是你购买一种产品，在将来卖出去的时候才能获得收益。而在你持有的期间，投机是无法给你带来收益的。另外，投资一般是长期持有（5~10 年），投机一般是利用频繁交易来赚利差。所以投资不需要择时，投机必须择时，因为目的性太强了。

大部分投机型交易就是我们常常听到的趋势策略，其核心是在预测趋势，预测未来。当人们尝试先判断大盘的涨跌，再去买入相应的股票时，就是在投机，我们常常听到的抄底、逃顶，绝大多数也是在进行投机的交易。你打开电视或登录微博、论坛、贴吧所看到的热门消息无非就是"明天大盘怎么样？""这只股票的概念如何？""短线交易秘籍，三招学会炒股"这类标题，它们背后的意思都一样：快来做点投机交易吧！因为券商要吃饭，电视台要吃饭，庄家又要割韭菜。

	投资 获利来源	投机 获利来源
房地产	房租	房价上涨
股票	股利、 公司成长	赚差价
商品 买卖	稳定持续的 价差	一次性买卖 价差

对于大多数普通人，投资一定比投机更靠谱。因为没有人能赚到自己认知范围以外的钱，靠运气赚的钱，迟早会靠实力输回去。全球的经济和政治局势都不明朗，不要说预测下一年，可能连未来的几个月都不能很好地预测。2019 年底，你会想到 2020年的疫情会改变世界吗？

2015 年的那场股灾给我的人生上了最重要的一课，我体会到：心理成本才是最大的成本。

（2）睡眠指数

有一种投资指数叫睡眠指数，体现了你投资的安全性。只有确保你投资的安全性，你才能安然入睡，不会噩梦连连。有时候，一份安全稳定、回报有保证的投资，远远好过一只大起大落的股票，让你每天看三遍，心情也跟着坐过山车，甚至急出病。

当你铤而走险地投机，去贪心地搏一夜暴富却无法实现时，你也许晚上会被噩梦惊醒。波动巨大的市场带来的心理压力会使我们患得患失，输不起，没有心情去做真正重要的事，比如好好工作、加强自己的核心竞争力。

2. 家庭资产组合

《财富自由之路》一书中三个水壶图可以简单形象地指导你的投资：想象你所有的资金都在三个水壶中，最上面的水壶是最安全的投资，包括现金和存款，还有抵抗风险的保险。只有第一个水壶注满了，你才能把多余的水倒入第二个水壶，也就是风险较低、比较稳健的投资，例如货币基金。最后才会轮到最下面的水壶：高风险、高收益的产品，例如股票。上面两个水壶都没有注满的时候，不要去想怎么利用市场的波动来投机赚快钱。只有这样，你的财务安全才永远不会承担风险。

我装满第一个水壶大概用了一年，包括存钱和陆陆续续的配置保险，我的第一份大额商业保险就是在 2015 年年底买的。之后我和我先生开始逐步配置其他稳健安全的长期投资，现在我们几乎没有持有股票了。

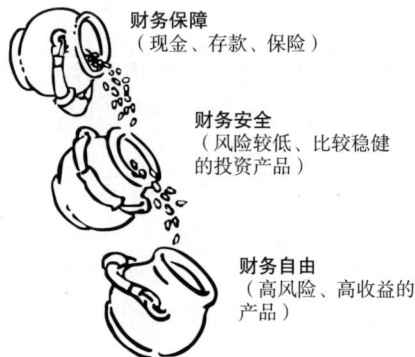

财务保障
（现金、存款、保险）

财务安全
（风险较低、比较稳健
的投资产品）

财务自由
（高风险、高收益的
产品）

现在我们依然在上面两个水壶上勤奋地劳作，不寄希望于马上赚钱，而是独立思考、深入调查，找到真正有价值的投资，然后保持稳定的心态、坚定的持有。只要保持这个思维方式，才永远不会再次陷入财务危机当中。

7.3

守住下限、再搏上限：建立无惧风浪的"睡后收入"

1. 投资三要素

很多人没有想过的一个思维框架：投资最重要的三个要素是什么？

（1）最重要的要素是风险

钱是赚不完的，但是可以亏完。

有一只母鸡被养了三年，总结出了 1000 天的经验："主人对我特别好，每次伸过手来都是给我好吃的。"但是，在第 1001 天恰好是过年那一天，一直伸过来喂它的手，却抓住了它的脖子把它摔死了，它成了春节餐桌上的炖母鸡。

应对风险是投资中一个根本的要素，如果不能正确控制风险，任何成功都不可能长久。2008 年的金融危机和 2015 年的股灾，有无数忽略风险、预期上涨的"股神"，如同那只养了1000 天却在第 1001 天变成美餐的鸡，被股市这一只原来一直给他们送钱的手，一下子拿走了所有的钱，使 10 年甚至一辈子积累的财富，在一夜之间全部蒸发和融化。

风险是永远无法避免也无法衡量的，我们只能去控制它。因为未来有太多可能性，地缘政治、宏观经济、公司层面、技术层面、心理层面和你选择的投资组合，所有变化的因素互相碰撞出千变万化的可能性，但是你得到的结果，却只有一个。

不要羡慕那些在短期赚到钱的人，而要羡慕那些无惧风险、一直留在场上的人。这么多年来，有无数所谓的股神来来去去，最后千帆过尽留下来的，寥寥无几。巴菲特说过一段话：多年来，一些非常聪明的投资人经过痛苦的经历，已经懂得再长一串让人动心的数字，乘上一个零，结果也只能是零，我永远不想亲身体验这个等式的影响力有多大。

（2）收益

人们往往以为投资产品宣传的收益就是实际能拿到手的收益，但其实它只是一个预期收益率。预期只是估计，背后有很多的影响因素可能造成收益无法实现，甚至根本就是骗局。

你是否也在很多理财文章里读到：富贵险中求。高风险的投资才能赚更高的收益？最常看到的风险收益图是一条倾斜向上的线，表示风险和收益是正相关的，风险越高，收益就越高。遗憾的是很多人被这张图误导了，去买高风险的产品，最终血本无归甚至倾家荡产。

想要靠更高风险的投资来赚更多的钱是绝对不可能的，为什么？如果更高风险的投资确实能够让你赚更多的钱，那就不是真正的高风险了，对不对？

下面这一张图是《投资最重要的事》一书中正确的风险和收益图。

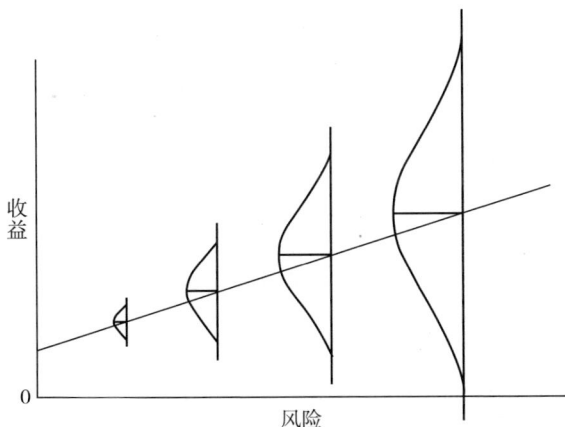

它提醒我们在现实中，高风险不一定会给你带来高收益，只会给你带来更加不确定的结果，放大你可能的收益或者损失。也就是说，你收益的范围更广，可能赚更多，也可能亏更多，不确定性会更高。为了吸引资本来投资，风险更高的投资产品必须提供更好的收益前景、更高的预期收益，但绝不表示这些更高的预期收益一定会实现。

希望你在了解任何投资理财的知识和行动之前，一定要记住：收益本身，尤其是短期收益，完全不能说明你投资决策的质量。在评估收益的时候，必须要相对于实现这个收益承担的风险一起来评估。

（3）流动性

最后一个要素是流动性，这也是我们普通人要死守的下限。

投资的产品能够用合理的价格快速转化成现金，能让我们马上使用的特性就是流动性。存在银行里的现金具有高度的流动性，而交易活跃的公司股票具有相对的流动性。房子也许是收益很高的投资，但是流动性很低——你不可能今天出事，明天就能卖房收钱。

在突发的风险面前，有流动性的资产就是你活下去的血液。拥有能马上变现的流动资产，是理财最重要的第一步。

一个财务健康的人，银行账户里应该至少有足够 6~9 个月生活的应急现金，才能够顶得住突然而来的风险，应付至少 6~9 个月的家庭开支；如果收入不稳定或者在创业，这个数字可以提高到 12 个月，也就是预留的流动资金应当足以应付一年的生活开支。

2. 不可能三角

在我们的投资理财当中，存在着一个不可能三角：低风险、高流动性和高收益这三个要素不会同时存在。

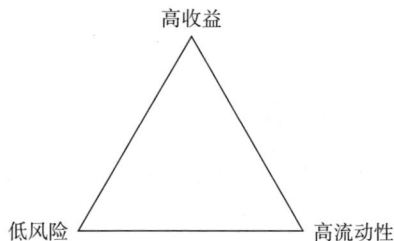

高收益

低风险　　　　　　　　　　高流动性

投资中的蒙代尔不可能三角

举个例子，2020 年 3 月美股连续熔断 4 次，很多人在前两次熔断后就激动地冲进去，被兴奋抄底的想法冲昏了头脑，认为一夜就会实现三要素的完美组合：高流动性（今天进，明天出），低风险（抄底必涨），高收益（价格反弹会很大）。但是他们当头撞上的是又一次熔断，有人一夜就浮亏几十万元。

我先生非常平静，在第三次熔断后才开始分批买入。他确定牺牲流动性，客观看待在市场中估值开始变得便宜、本质非常好的投资标的，然后用一部分输得起的钱去做长期投资，如果继续跌也没关系。结果美股之后反弹了，盈利很多，收益提取之后还可以做其他用途。

不可能三角告诉我们最重要的思维是：优先和取舍。清楚地知道自己需要什么，不需要什么，而不是紧抓着所有东西不放手。普通人该怎么办呢？我分享一个简单实用的理财思维：投资理财的决策一定要守住下限，再博上限，防守比进攻更重要。可以参考以下几点：

❷ 保留足够的现金，卖出一些高风险的资产；

❷ 加强投资组合的防御性，避免波动太大的高风险资产；

❷ 减少或者不加杠杆，绝不借钱投资。

每一次投资的决定，都应该是深思熟虑后独立思考的结果，就像选择一位能够共度一生的伴侣，而不是一次随意的约会。有一个小技巧，下一次当你想做一个投资的时候可以问自己：假如我一生只有 20 次投资机会，我会在这里用掉一次吗？这个思维来自巴菲特，他还说过：投资者几乎不需要做对什么事，只需要避免犯重大错误。

人们常说善始善终、晚节不保，能不能有一个好的开始、高的起点，很多时候不在我们能够决定的范围之内，我觉得成功与否不在于是否年少得志、成功辉煌，而是最后你有没有得到善终。如果你拥有"守住下限"的稳健财富观，就不会去羡慕、嫉妒、贪婪，看到一些人赶风口、赚快钱，获得短期的成功，而会去研究和思考什么样的决策能够扛得住时间的变迁。

在善于思考的投资者看来，防守能够取得较好的稳定收益，而进攻往往承载着很多无法实现的梦想。无论你做什么样的投资，大前提都是要永远保证你的财务安全不会受到影响。善终比善始更重要。

7.4

普通人财富升级 3 板斧

清晰的资产分类配置，是普通人财富升级的第一步。很多朋友在理财的时候，都花很多的时间去选择到底是买 A 股票还是 B 股票，但其实普通人更需要关注的是更大格局下，不同资产类别的配置。

财富管理行业常参考的一张图是家庭理财资产配置金字塔，按照风险从低到高的顺序由下往上配置。其中我认为普通人财富升级必备的三板斧是：安全性资产中的保险、收益性资产中低风险的年金 / 复利储蓄和中风险的基金。

作为理财从业者，我们提醒客户提前应对的风险除了"黑天鹅"，还有"灰犀牛"。

（1）小概率、难预测的突发风险是"黑天鹅"。

例如天灾人祸、突发疾病，发生的可能性不大，也是大家普遍知道要靠保险来转移的风险。

（2）大概率、可预测、波及范围大的风险是"灰犀牛"。

对每个人来说，孩子将来的教育和自己的养老都属于一笔"巨大无上限，而且必定会发生"的支出，但因为还很遥远，总觉得是"重要但不紧急"的事，一直到迫在眉睫才大惊失色。

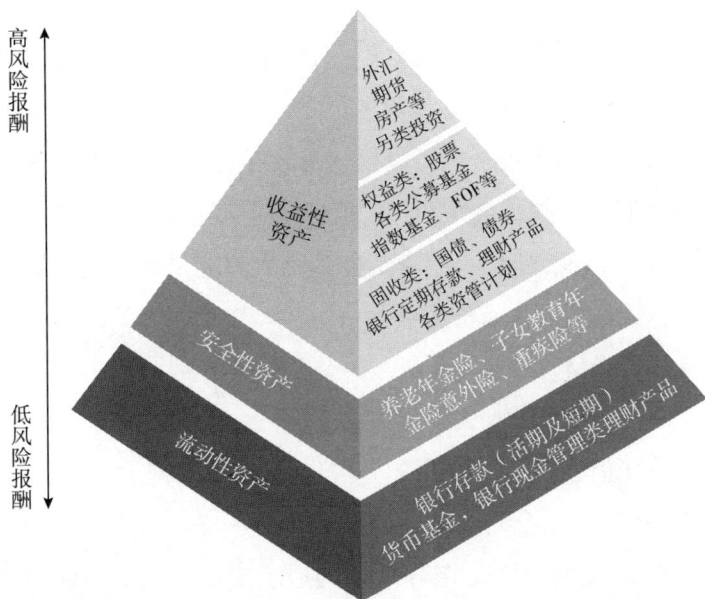

高风险报酬 ↑

收益性资产

外汇
期货
房产等
另类投资

权益类：股票
各类公募基金
指数基金、FOF等

固收类：国债、债券
银行定期存款、理财产品
各类资管计划

安全性资产

养老年金险、子女教育年
金险意外险、重疾险等

低风险报酬 ↓

流动性资产

银行存款（活期及短期）
货币基金，银行现金管理类理财产品

1. 保险

无数现在看上去光鲜亮丽的中产家庭，犹如精美的玻璃一样不堪一击。一次意外或疾病，就像一块从天而降的石头，把家庭的财务安全砸得粉碎。你可以问自己两个问题：

❯ 假如患病不能工作怎么办？

❯ 如果家庭经济支柱去世怎么办？

这两个担忧一旦发生，可能对家庭来说是灭顶之灾。普通人如何解决这些担忧呢？就要靠规避黑天鹅风险的工具——保险。市面上各种保险眼花缭乱，但在我看来千变万化不离其宗。

（1）保险最主要只分四类：人寿、重疾、医疗、意外

❯ 人寿保险：去世才能赔

预先设定的理赔金额可以抵消身故后的债务，包括房贷、车贷或生活开支。理赔金并不一定能保障家人生活一辈子不变（除非购买超大保额保险），但肯定能让亲人有充足的时间应对突如其来的打击。适合配置的群体是：

– 家庭经济支柱；

– 有房贷等负债、需要做好人寿保障的朋友；

– 有伴侣、老人或小孩的成年朋友。

❯ 重大疾病保险：重病就能赔

重疾保障的范围是符合定义的严重疾病，比如癌症、心脏病、中风等。其作用是防范重大疾病带来的收入损失和治疗补偿，同时弥补医疗保险的不足。成年人的保额可以年收入的 3~5 倍作为参考。

重疾的保费是和年龄直接挂钩的，一定要在年轻和健康时尽早投保。比如，孩子年龄小，身体又健康，保费非常便宜，大概只占成年人保费的 1/3。

◉ 医疗保险：实报实销

医疗保险是报销型保险，主要报销住院手术时实际发生的医疗费用，不会额外赔付，是重疾保险的补充。医疗保险理赔的频率比人寿和重疾都高，切记通过专业的渠道购买，因为后续服务和及时理赔是这份保障的核心。

现在也有一些海外高端医疗保险，不设报销限制，可以满足更优质的医疗需求。追求财富自由之前，你达到医疗自由了吗？

◉ 意外保险：意外事故才能赔

意外保险主要分为意外死亡/断肢和意外医疗两种。注意理赔要求是外界导致的事故，而非自己主动造成的。例如，自身心脏病导致的猝死就不在理赔范围内。

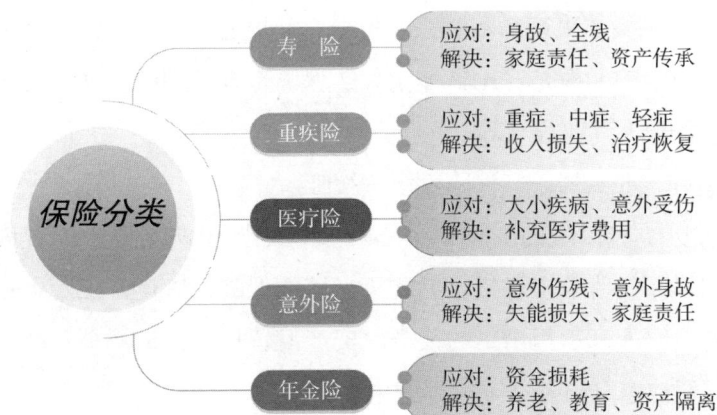

保险的概念并不难，为什么很多人对保险有偏见和误解，或者被销售人员误导而买错了、赔不了？关键是要纠正几个严重的思维误区。

（2）几个严重的保险思维误区

第一，有员工医疗和医保，就不需要商业保险。

这是思维上的逃避和侥幸心理。员工医疗是公司给在职员工的福利，无法负责员工一辈子所有的看病花销。而医保社保一是有上限封顶，二是很多药不在医保报销范围内。不要把自己的希望寄托在别人身上，靠谁都不如靠自己。

第二，先给孩子买，孩子最重要。

保险配置的原则是优先大人，因为大人是经济支柱，失业、重疾或死亡对家庭的财务影响会更大。同时大部分保险的价格也与年龄和健康有关，成年人更应该尽早配置，不仅能节省成本，而且可避免因健康问题被拒保。

第三，保险越便宜越好。

任何重要的决策都不要只看价格，而要看价值。货比三家不是选最便宜的，而是对比具体条款、保障范围、理赔定义、公司实力和代理人专业程度等。

第四，要买房子，保险就缓一缓吧。

买房子和保险的安排根本不冲突，分属于两类资产配置区间。如果买房要承担房贷，更要买足够的保障，以免万一发生意外，要由家人来承担未尽的债务。资产配置切勿以偏概全，厚此薄彼，造成家庭财务状况的不健康和不平衡。

第五，买保险找熟人，因为可以返佣给优惠。

请把专业的事交给专业的人，长期保障的专业和服务是最重要的。投保切勿通过不专业的第三方，尤其是返佣的中介。重要的是选择专业负责的顾问和团队，在最需要的时候能够雪中送炭，及时给予帮助。

2. 年金与复利储蓄

什么时候退休不在于我们有多老，而在于我们有多少钱。

——乔治·福尔曼

如果按 100 岁来算一个人生周期，基本每个人有超过 2/3 的时间没有收入，因此自己积累财富的时间不多。

你可以问自己两个问题：

（1）我需要多少钱才能够养老？

（2）如果我有孩子，我如何确保他们有一定的教育和生活基础？

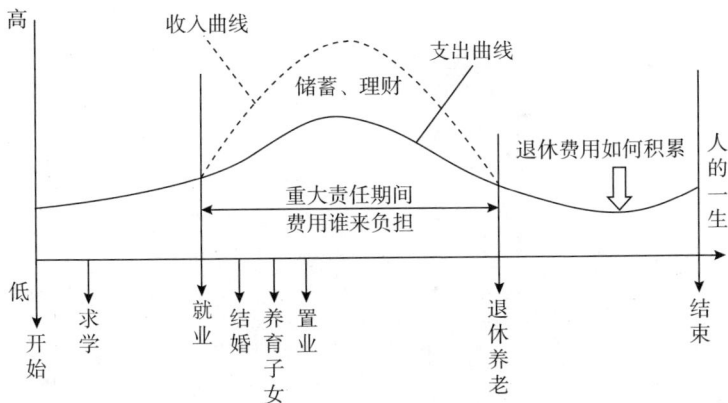

对每个人来讲，养老支出都是其一生资产负债表中最大的一笔负债。在美国只有 3% 的老人有足够的退休储备，其他人只能靠政府救济、家人救济或者继续工作。养老和教育费用也会因为过长的寿命、决策失误引起的投资损失、通胀引起的资产缩水，而导致你存的钱不足以覆盖养老和孩子教育的费用。

在这里请大家关注一个名词：养老金替代率。养老金替代率是养老金收入和工资收入的比值，是衡量养老金是否充足的一个合适指标。

国际公认比较合适的替代率是 70%~85%，也就是我们退休后的被动养老收入达到退休前年薪的 70%~85%。大家可以对照下面案例计算一下，未来退休后漫长的几十年，你积累财富的收益和工作以外的收入，够得上多高的替代率？

普通人可以提早准备什么投资来养老呢？比较合适的是长期稳健的分红储蓄，分为年金和复利储蓄两种，也是常见的收益类保险产品。

养老金预估

假设李先生今年35岁
计划60岁退休，领取20年养老金
月薪1万元
通货膨胀率3%
薪资替代率60%

退休时的每年收入 $= 10000 \times 12 \times (1+3\%)^{25}$
$\qquad\qquad\qquad\quad = 251253$元

退休后每年所需要的钱 $= 10000 \times 12 \times (1+3\%)^{25} \times 60\%$
$\qquad\qquad\qquad\qquad\quad = 150752$元

退休20年所需要的钱 $= 15$万元 $\times 20$年
$\qquad\qquad\qquad\qquad = 3000000$元

备注：
（1）35岁到60岁的年收入计算，未考虑收入增长率
（2）60岁后退休所需要的钱，未考虑20年后的通胀率，
  否则需要的钱将更多
（3）通货膨胀率参考国家统计局消费者价格指数
（4）假设人均寿命为80岁

---

❷ 年金

年金是指等额、定期的现金流入。例如，现在分 5~10 年存入一笔钱，到 60 岁退休之后，每年支付给你固定的现金用于养老生活。年金的特点是提前锁定未来的现金流，保证能有定期定

额的收入。

◉ 复利储蓄

爱因斯坦曾经评价："复利是人类第八大奇迹。"复利投资是指把投资产生的利息再次转化成本金，继续滚存投资、不断增值，也就是我们所说的利滚利。可以用滚雪球来比喻，时间越长，滚出来的雪球越大。

有人说市场上这类投资的收益率太低了，我自己投资股市能赚更多。但是市场是波动的，风险是无法预测的，股市7 亏 2 平 1 赚，谁可以保证每年自己都是赚的那一个？哪怕一半时间都在赚，也赶不上持续稳定的复利。复利是时间赠予投资者最好的礼物，稳定的复利加够长的时间，可以积累巨大的财富。

无论我们如何梳理管理、赚钱投资，我们最终要做的就是超越你财富的逃逸速度，也就是让财富增长的速度快过你花钱的速度。对于普通人最有效的方法就是，不在意一时成败，而是利用复利的神奇效果：你选定一笔投资追加资金投入，并且持续不断地追加，可能过了一些年，你就会发现财富超过了你需要的生活开销。我给我们二人及女儿 Lydia 买了三份复利储蓄，并且不打算在她 18 岁上大学之前或我自己退休前用这笔钱，希望能够让它默默地增长。

无论在投资领域还是在商业领域，复利效应都很明显。哪怕是你自己的人生也是如此，复利效应在默默一分一秒地累积，工作、投资、人脉、技能甚至一点点运气都是一个像雪球一样不断滚动的结合体。不求短期回报和快速成功，而是有耐心和时间做朋友，在正确的方向上坚持和积累，最终成长的"复利效应"不但会帮你收获巨大的成功，还会帮你获得内心的宁静。

在这里建议每个人都要学会使用内部收益率（IRR），计算投资所产生现金的回报率，尤其是算年金产品非常有用。这个公式很简单，网上有很多 IRR 计算器的网站，或者 Excel 里也直接有 IRR 函数公式，计算非常简便。

3. 基金

基金属于家庭资产配置金字塔的高层：收益性资产。这类型资产的收益可能更高，也是真正可能承担亏损风险的资产，很多人会问：是不是要避开投资有风险的资产呢？

答案是：按你实际投资的需求和承受资产价格波动的能力来配置。适当投资"收益性资产"会让你的资产保值和增值，不会随着通货膨胀而缩水。

我建议普通人谨慎购买股票，因为股票价格波动大，容易受到变化莫测的市场环境和外部新闻的影响。99% 的人买股票自以为是投资，其实是在投机，投机并不一定是坏事，但可怕的是你实际上在做投机的行为，却以为自己在投资。尤其是大部分炒股的人是散户，缺乏足够的知识和技能，却把炒股当成一种严肃的事情，认真地抱着赚钱的期望，投入的资金超出自己承担亏损的能力。下面这幅图来自《商业、运动和投资中成功的等式》一书，可以看到股市投资中的运气成分占了很大比例。

我们认为股票适合能承受长期市场波动、不打算短期套现、抗压能力高的投资者，而不是投机者的游戏。挑选一只好股票需要花很多时间研究行业发展趋势、公司业务和资产质量等，最好投资自己足够熟悉的行业和公司，切勿跟风。

《投资的常识》这本书说：找出下一个巴菲特就像大海捞针，不如融入大海，购买收费低的基金。这本书给了 3 个普通人投资的大原则：

（1）分散投资；

（2）资产指数化；

（3）压低交易费用，勿频繁交易。

为什么我建议普通人选择基金呢？

（1）好的基金组合会持有不同的资产，资产之间的相关性比较低，达到分散风险的目的，比自己持有一种资产更好；

（2）指数基金具有跨越经济周期、持续运营的能力；

（3）优质基金的投资组合是经过基金公司挑选和分析的，研究团队获得的信息比我们普通的投资者更及时。

```
                          ┌─────────┐
                          │ 公募基金 │
                          └────┬────┘
     ┌──────┬──────┬──────┼──────┬──────┬──────┐
  ┌──┴──┐ ┌─┴──┐ ┌─┴──┐ ┌┴───┐ ┌┴───┐ ┌┴────┐
  │货币型│ │股票型│ │债券型│ │混合型│ │QDII │ │封闭式│
  └──────┘ └────┘ └────┘ └────┘ └────┘ └─────┘
                                  3195只
            1362只
                    1713只
    332只                      168只
                                        1143只
```

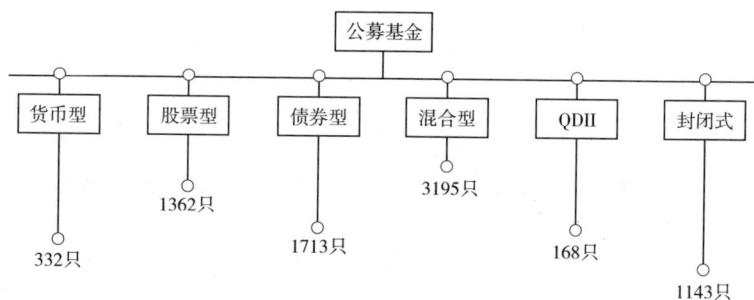

*数据来源：中国证券投资基金业协会官网，数据截至2020年四季度末

普通人买的基金主要是公募基金，包括货币型、股票型、债券型、混合型、指数型和QDII（Qualified Domestic Institutional Investors, 认可本地机构投资者机制），是在资本账项未完全开放的情况下，允许内地投资者对海外资本市场进行投资。

最适合普通人的投资方式就是直接投资指数基金，跟着大市走，向经济的长期增长"借力"。而投资指数基金最好的策略是：

（1）用闲钱来投资；

（2）长期投资（至少2年以上）；

（3）定投。

定投是定期定额投资基金的简称，是指在固定的时间（如每月发工资后第一天）以固定的金额（如1000元）投资到指定基金中，一直到实现预期的收益率才赎回，类似银行的"零存整取"。

定投有三种方式可以选择：每周定投，每两周定投和每月定投。定投周期一旦确定，就要规律定投，不要因为市场波动或计划变化而随意改变。

我们建议：在众多指数基金里，非专业投资者从沪深300和中证 500 开始。沪深 300 指数基金是国内影响力最大的指数基金。国内有上海和深圳两家证券交易所，沪深 300 就从这两家交易所中挑选最大、流动性最好的 300 家大型企业。这 300 只股票基本占了股市 60% 的规模。

中证 500 指数主要投资中小型企业中日均市值前 500 的公司，而不包括沪深 300 指数的公司。沪深 300 和中证 500 这两只指数基金基本代表了内地的整个股票市场。

7.5

借力资本与杠杆的力量，聪明地买房

房地产是每一个人都无法错过的痛点，有房会有还款压力，没房会没有安全感、影响自己结婚或养老。剑铨出国读书期间，他父亲曾经买了一套 60 平方米的 3 居室打算退休以后住，因为周边自然环境安静优美。房子位于一个小山丘上，风景确实不错，但最近的地铁站也要走路下山 20 分钟才到站口，楼盘也没有电梯，生活、交通都很不方便。每次租给别人住，租客住满一年后都决定搬走。房子有好几年是空置的，房价也一直没有涨过。后来剑铨父亲的生意一落千丈，公司现金流周转出现问题，迫不得已，用远低于市场的价格把房子贱卖套现。曾经说好的退休大计顿时灰飞烟灭。

买房是每个人一生最重要的决定之一，大部分人会因此背上沉重的房贷负债。负债不一定是坏事，前提是学会区分好负债和坏负债，不要被失败的决定拖垮自己的家庭。好的债务，就是我们用来买价值会上涨的东西的债务，而坏的债务是我们付着高额利息却没有投资对的价值的债务。

1. 买房的目的

买房的目的要清晰：自住还是投资？现金流收入还是资产增值？

决定买房时，要把现金流和资产增值这两个目的区分开来。在买入之前就要辨别真资产和假资产：真资产是能够给你带来正现金流的资产，而假资产是只有你在卖出那一刻才能够变现甚至卖出的时候还会贬值的"假资产、真负债"。

大多数人说自己的自住房产增值了，指的是纸面上的资产增值，但并没有落袋为安、实际收到现金流。而卖掉房产获得增值，代表失去了这项资产才得到钱，就像卖掉奶牛来换钱一样。如果未来可能出售，要提前"换位思考"：未来可能的买家是谁？如果当地市场对三居室的需求不大，你买的三居室日后出售会比较困难。要记住，你喜欢的，不代表市场也喜欢。如果买之前没有做对功课，很可能卖出了房产也没有赚到钱。

如果你想买的房子在另外一个城市或别的国家，你选择的房子要位于主要的经济核心地域或被政府高度重视发展的地方。比如，四川要投资成都，广东要投资广州或深圳，泰国要投资曼谷、英国要投资一线城市等。经济活跃的地方，房子的成交和价值才会有一定的保证。

你也可以留着这头奶牛靠卖牛奶来赚钱，把它当作一项产生现金流的资产，获得持续的租金收入。如果未来你可能出租房产，一定要计算租金回率：房子出租一年的租金收入，除以买这个房子的价格。在发达国家值得投资的租金回报率是 3% 或以上。

投资房产的目的要清晰，自住房也要尽量兼顾未来可能的租金收益和增值潜力，不要单凭喜好做决定。

2. 合理负债，适当借力资本和杠杆

买房前先要严谨地执行自己的储蓄目标，拥有一笔启动基金，再诊断自己承受风险的能力，不要过度负债、杠杆过高。要亲自计算贷款的额度和自己每月的还款能力，也要留意如果贷款利率上升，会直接增加还款成本，加重债务负担。

我分享几个买房之前帮你做决定的财务比率：

❷ 负债比率 = 负债总额 / 总资产

拥有健康财务的人或家庭的负债比率正常数值应在 0.3~0.4，如果该值超过 0.6 就要多加注意了。很多人因为想"一步到位"买了超过自己实力的豪宅，导致负债极高，一旦其他地方急需用钱，甚至要被逼卖房。

❷ 房产与总资产比率 = 房产目前市价 / 总资产

房产往往是中国家庭最主要的资产，甚至全部身家都压在这一套房子上。很多时候房产也承担了金融投资品的主要角色，中

国家庭房产比例高达 0.78，而很多国家这个比例仅有 0.3~0.4。这个指标应该尽量低于 0.6，指标过高表明家庭资产不能即时变现或变现价值损失很大，因为房产流动性不足，遇到突发情况时，一些临时性的大宗支出将很难满足，存在一定隐患。

如果你这两个比率都不够健康，我建议：

（1）如果自住房可以抵押给银行，可以套现并投资收益高于借款利息的产品，赚来的利息差可以增加产生现金流的资产。

（2）如果有投资房，最好尽早出租获得被动收入。很多人买了毛坯房只是放在那里，坐等升值，结果好多年没有增值也没卖出去。可以简单装修一下租出去，租金无论多少都是被动收入，可以抵消一些房贷支出。

负债是一种能力，更是一场心理博弈。聪明的负债就是守住底线，相信自己未来创造财富的能力，也知道自己能承担的上限是多少。不要借超出自己承担范围的债务，这样，面对变故才能泰然处之。

更好获取财富的三点就是：

第一，具有全局 + 长期视野，和时间做朋友。

第二，拥有梳理和控制现金流的能力。

第三，流动性 + 抗通胀 + 健康负债 + 长期回报 = 稳健增长的资产。

我和先生的财富训练营课程，曾经有一期的互动主题是"你人生中坚持最久的投资是什么"。有人说是银行存款，有人说是基金定投，但有一个特别不一样的回答，吸引了大家。

有一位朋友分享的是自己大学毕业以来，每一年都带父母出去旅行，坚持了将近 10 年。去了很多个国家，最大的收获是很多美好的回忆。她说："爸爸因病视力越来越不好，庆幸我陪伴他看了那么多美景。"群里因为这个动人的分享而引发了热闹的讨论，大家都在分享自己对家庭、对爱和人生的感悟。

我和先生结婚以来每一年的春节，都带双方父母一起出去旅行，去过普吉岛、越南，坐过游轮。我们努力工作、赚钱投资，为的也是可以更自由地生活、可以给家人更多的陪伴和爱。我写下这一章的愿景，也希望帮助看到这本书的你更好地规划财富、过好人生。其实理财也是理念人生。

这世界上有些事情是你自己能够控制的，而有些事情你无法控制。请把专注和精力放在那些你能完全控制的事情上，例如底层思维、知识经验和职业精神。而未来是无法控制的，人生中充满无数不确定的"黑天鹅"和"灰犀牛"。我有朋友因为市场改变或突发股灾，辛苦几年的财富积累瞬间崩塌，要卖掉房子来补现金流缺口。我也见过年入百万的同行忽然重病，所有事业计划全部搁浅。我亲手为同龄朋友送过癌症理赔的支票，也在疫情初期帮失业的客户申请延期续费，争取多一点时间以恢复正常。

对于无法控制的事，就像迟早会来的洪水和暴雨，我们无法阻止它发生，但可以做好准备、盖房造船、守护家人。如果有能力、有时间，最好去盖不止一座房，造不止一艘船。绝不要让侥幸心理，代替对自己人生应有的责任感和危机感。

第八章

EIGHT

如何让个人品牌成功破圈，从一个人到一支队伍

没有任何一个职业，可以让你安全地做一辈子。无论打工、斜杠副业还是创业，都有各自的优势和风险。被动依附于职位、公司或者行业、风口都是脆弱的，要把自己当成一个独立运营、不断升级迭代的产品，站在更高的高度思考和行动。

2020 年上半年一个热点话题，就是创业失败的罗永浩直播卖货还债。有人评论说："留得个人品牌在，不怕 6 个亿负债。"

个人品牌的优势在于：

❯ 拥有社会认同，帮你快速获得陌生人的信任和认可；

❯ 更快地"破人脉圈"，传播和影响更广泛和多样化的社交网络；

❯ 更高效地"破能力圈"，向其他优秀的人借力借势，合作共赢。

罗振宇在 2018 年的跨年演讲中提到了价格战和认知战：价格战的用户永远都在不断比较；而认知战是没有竞争和比较的，因为客户认定你，选择你，相信你，非你莫属。你自己就是自己一生最好的产品，而个人品牌就是护城河。

希望通过个人品牌的打造，能帮助更多和我一样的普通人，快速实现个人成长和职业跃迁。

┏━┓
┃ **8.1** ┃
┗━┛

定位定江山，帮你寻找独特的亮点和标签

建立个人品牌的第一步就是搞清楚自己的定位，什么是定位呢？就是为你的品牌在市场上树立一个和竞争对手有差异化优势、符合消费者需要的明确形象，其目的是在消费者心中占领一个特殊位置。当他们在你的领域有需要的时候，马上就会想到你，比如，一提服务好，就想到海底捞；一提要上火，就想喝加多宝。一句话：不仅要努力做"第一"，更要做细分领域里的"唯一"。

有句话说"定位定江山"，可见它的重要性。定位就像是你的锚又深又稳地扎根海底。不管世事如何变迁，你都非常清楚自己的核心价值，都能够明确地找到自己的位置。内核稳定，外在灵活。接下来，我们会分两步来帮你找到自己的定位。

1. 三个角度找到主业优势

三个角度帮助你梳理自己的主业优势：

主业优势 = 知识 + 技能 + 经验

知识 = 对别人有用的专业知识，前沿的行业信息

技能 = 可以教别人的实用技能，包括可以量化的

专业硬技能和人际社交软技能

经验 = 丰富的行业经验，权威的认证背书，

解决疑难杂症的资源和能力

比如，我们夫妻双双毕业于美国常春藤大学，在金融行业各自深耕十几年，在银行、投资、基金公司、四大会计师事务所都工作过，也是知名的财经博主。我们在财富知识、投资经验和社会阅历这几方面都有独特的优势，"金融侠侣 + 财富管理专家"就是我们的定位。

但是，问题来了，专业的知识和技能是冷冰冰的，人是有温度的。"理性的专业"加"感性的喜欢"才能带来信任，有些客户口头称赞你很专业，转身就和情感上更喜欢的其他人成交了。

个人品牌的定位需要有血、有肉、有情绪，除了知识之外，还要有感情的链接，才能消除冷冰冰的距离感。把定位深深植入大众心中的秘密，就是在你提供主业优势的基础上，再加思维的升级。

2. 定位

定位 = 主业优势 × 个性化的额外价值 × 鲜明又有温度的个人形象。

（1）个性化的额外价值是除专业外，你还可以分享的东西：

❷ 丰富的人生阅历；

- ❯ 广博的社会经验；

- ❯ 多样化的资源和知识。

我们不要在红海中搏杀自己，要自己开发一个新的蓝海，关键点就是：提供独特且不可替代的附加价值，给客户提供惊喜。客户以为你的价值是 A，结果你给他了 A+B。

比如在保险行业，客户会认为你的主业就是提供保险产品。如果在保险之外，你还懂得基金、股票、债券甚至房地产投资，能提供全面的财务分析、全球的资产配置建议，你在客户的心目中会马上升级成高级的财富顾问。

我们团队有一位同事，之前有过十几年的红酒行业经验，是法国认证的葡萄酒讲师，还受邀走过戛纳电影节红毯。在进入财富管理行业之后，红酒成了她不可替代的额外价值和社交工具，建立了和高净值客户的沟通桥梁。无论多难找的酒，她都有人脉和资源能够找到，在客户生日的时候，她会挑选一瓶生日年份的好酒送给客户，既特别又有意义。

在上述公式中，额外价值和个人形象对你的专业优势不仅仅是加法更是乘法效应。

2017 年，一位客户向我求助，他的家族企业在上市过程中紧急需要一位香港的律师，并需要马上出具一个函件。他非常信任我，希望我运用人脉和资源，帮他联系一位靠谱的香港律师。我只用了不到半个小时的时间，给一位业内人脉很广的律所合伙人朋友打了个电话，拿到了一位靠谱的律师的联系方式，介绍给我这位客户。几个小时之内，律师已经跟上市工作小组的人通过电话，这份紧急的文件也按时准备好了。除了获得客户的感谢和能给人帮助的欣慰，我也多了一位优秀的律师朋友。

即使深耕主业做到顶尖，也只是一个行业里单维度的竞争。想要建立自己独一无二的品牌，你必须有多维度的附加价值。每多加一个维度，对你的定位和价值都是乘法的效应，最终你会形成一个别人完全无法复制的、立体的竞争力堡垒。

（2）鲜明有温度的个人形象：活出你的人设

很多自媒体会说个人品牌一定要"立人设"，但是在我看来，人设不是设计出来的，是真实地活出来的。有温度的个人形象，关键就是一个"真"字：

- ❯ 有情绪、有个性、有弱点；
- ❯ 真实亲切的生活故事；
- ❯ 勇敢表达你的价值观、理想和情怀。

比如，我们是一对携手创业、风雨同舟的夫妻档。我们分别来自祖国的最南方和最北方，文化背景和个人经历差异很大，但是我们互敬互爱、荣辱与共，经历过经济危机、事业波折和人生起伏。2018 年，我在公众号写过一篇关于至暗时刻的文章，内容是在我先生失业期间，我不离不弃、互相扶持的爱情经历，直到两年多以后，我仍然会在深夜收到留言。很多原本陌生的人看完这篇文章，和我们建立了深度的情感共鸣。

市场上有不少博主，而我们和他人最大的区别之一，就是敢于敞开心扉分享，从来不怕暴露自己经历的挫折与失败。我们夫妻共同奋斗的人生经历、事业发展的感悟、婚姻生活的心得，都给了读者走出困境的勇气与能量。

每个人都是独一无二的，都有自己的闪光点和故事。不要陷入和别人的比较与焦虑中，却忽视和浪费了自己的天赋。

8.2

如何最快让 1000 个人知道你

当你有了明确的定位，下一步就是如何让更多的人知道和喜欢你。这一节我聊聊如何传播和扩大你的影响力。

从前慢，车，马，邮件都慢，一生只够爱一个人。在过去的社会，由于通信手段的限制和传统媒体的高门槛，人们相互沟通和对外传播信息的成本都很高。进入 21 世纪之后，随着科技和网络的发展，我们进入了信息爆炸的世界，想在一天之内让 1000 万人知道一个信息不是难事。以前是传统媒体占优势，电视台和报纸杂志决定了观众能看到什么，但现在有手机邮件、微博、微信、短视频等自媒体，每一个人都有机会成为影响力中心，社会被分化成一个个以意见领袖（KOL）为主的圈子，很多自媒体 KOL 的粉丝已经超过 100 万甚至 1000 万。

在开始讲传播的方法前，我们先需要清楚用户的来源分为两种：线下和线上。

首先，线下活动产生新用户，基本上是体力活儿。以一个宴会活动为例，在同一个时间和空间，你只能有限度地链接一定数量的人。如果是小范围聚会，比如 15 人以内的下午茶聚会，情感共鸣更高，但你付出同一份时间去影响的人群变得更少。以上两种社交场合的问题是，你只能够在特定的时间和地点去传播信息，但传播性只限于你能够面对面链接的人。

另外一种就是线上，基本上是脑力活儿。为了提高信息的传播性，输出的内容不仅要有价值、有情感的共鸣，对作者的持续输出能力也有要求。如果读者获得价值，他们会转发你的内容，让更多的人关注你，这就是我想说的"破圈"。网络的信息是流动的，所以你的输出会不断地被扩散，不断吸引新的潜在用户来关注你。

总的来说，线下流量能解决短期、中期的用户增长，但未来的规模和数量很难持续增长。相反，线上流量可以扩大你中线、长线的用户来源。现在互联网时代发展快速，结合线上和线下的销售模式是大势所趋。对于客户基础一般的前线人员来说，只专注线下流量就等于自废了一半武功，生意只会越来越难做。

所以要搭建自己高效的传播系统，你需要成为一个 KOL，传播你的价值，收获属于自己的第一批粉丝。找到粉丝的第一步，就是寻找适合你输出内容的表演舞台、节目内容和广告宣传。

❥ 表演舞台，就是选择什么平台去分享。

❥ 节目内容，就是你输出的形式是文章、视频还是语音；分享的内容是理性的知识和技能，还是感性的情绪和故事。

❥ 广告宣传，就是如何更有效和更广泛地对外传播，吸引更多的人关注你、了解你、喜欢你。

1. 选对平台，公域和私域两手抓

关注了你公众号、微博或视频号的人，算不算你的粉丝呢？

我告诉你：是，也不是。我会把众多的自媒体平台，比喻成大海、湖泊和自己家的池塘。

▶ **大海**：微博、知乎、快手、抖音、小红书，这些完全开放的平台属于公域，就像浩瀚的大海。各种各样的人来来去去，百花齐放、内容丰富，但是观众的黏性和忠诚度不高。那么多博主你方唱罢我登场，观众喜欢就看看，腻了就离开。

▶ **湖泊**：你的公众号和知识星球，经过一定的门槛筛选，沉淀一批留下来关注你内容的订阅用户。他们关注你也可能是因为你分享的内容有用，不一定会和你个人有感情的链接。

▶ **自己的池塘**：个人微信好友和社群，是真正的私域，大部分是你的"铁粉"。他们对你的喜欢程度和信任度最高，想要认识你、接近你、向你学习、和你成为朋友。

大海
这些完全开放的平台属于公域就像浩瀚的大海

湖泊
你的公众号和知识星球，经过一定的门槛筛选沉淀一批留下来关注你内容的订阅用户

池塘
个人微信好友和社群，是真正的私域大部分是你的"铁粉"

所以你在大海中吸引的人，一定要把他们沉淀到湖泊中，再筛选到池塘里，才能真正把喜欢你的人邀请到了你自己的家里。质量比数量更重要。分享几个自媒体吸引粉丝的小技巧：

（1）多平台、互引流、引关注

你辛苦创作的知识和内容，要放到更多的平台。既可以把你的时间和知识复制更多，让更多人看到，也可以让真正喜欢你的人沉淀到多个平台里，最后留下来。

我在微信公众号上发的文章里会放视频号的二维码，在视频号下面也会放公众号的文章链接。这样会互相导流、互相促进：公众号的粉丝会关注视频号并点赞视频，让你的内容跳出公众号粉丝的私域流量。而视频号扫到你的陌生人，也会通过链接的文章更深入地了解你。

另外，如何让关注你微博和公众号的人，加你的个人微信，从大海和湖泊中来到你的家里呢？

我曾发过一篇"娜娜金句有奖征集"的文章，邀请读者们分享我文章里给他们印象最深的句子，发给我的个人微信，我都会亲自给他们寄一本书做礼物。这个活动有近百人参加，我新增了几十位微信好友，获得了 100 多句金句，加深了我与读者之间的信赖和感情。

（2）加入高质量的付费社群

不要只关注自己小小的池塘，也要去拜访别人的池塘，互相借力，吸引同频人。

有几个小心得可以快速增加你微信通讯录的人数，吸引认可你和信任你的高质量粉丝：

◐ 经过筛选的付费社群，胜过没有门槛的免费社群。进群后不要潜水也不要直接自我营销，争取参与群里的活动组织，有机会就争取分享你专业内对大家有帮助的内容，积极地为优秀的群友提供价值。

◐ 对于听完分享加我个人微信的新朋友，我会送两个免费的线上课程，新朋友听完我的课程后，会对我产生更深的了解和信任。

◐ 如果你有自己的粉丝社群，可以和粉丝数相近、用户背景互补的群主进行互推、彼此背书，互相邀请到自己的群里做分享。这样大家的粉丝可以进行交换，而且信任度更高，能把用户群体扩大。我接受过不同类型的社群邀请分享，除了本业金融类，也有母婴类、教育类和高校的校友社群，每次分享之后，都会有群友加我微信，感谢我给他们带来的知识和收获。

在去其他平台分享的时候，有一个事半功倍的小诀窍：要放下自我宣传的欲望，带着同理心从别人的角度去讲，会有更好的效果，更能打动人心。

我印象很深的是在我刚生完孩子 4 个月时，一位母婴博主朋友邀请我在她 700 人的绘本社群分享，主题是"港漂职场妈妈：我的平衡与选择"。我没有宣传自己的任何背景与成就，而是从一个妈妈的角度，真诚地分享了我生完孩子后在事业压力和家庭压力之间摇摆的自我怀疑，并告诉大家：家庭和事业没有平衡点，只有不同阶段的优先级和取舍。那次分享引起了无数妈妈的共鸣，有人听完之后感同身受地哭了，有人找到了成长的力量。

（3）聪明地参考成功案例和关键词

在公开平台上，普通人是没有足够的流量支持与关注的。所以除了深耕自己的内容输出外，也要多参考和研究热门主题，模仿创作的方法，这样会帮你省点时间，也增加受欢迎的概率。

2020 年夏天，我们夫妻在抖音看到一条励志视频"一个普通人 10 年的成长故事"，内容和背景音乐非常励志，播放量很火爆。于是我们参考这条视频的形式，搜集和梳理了我自大学起一路奋斗的素材，精心制作了一条名为"一个普通草原女孩为梦想奋斗的 18 年"的视频。果然成了我们视频号里的小爆款，播放量近 10 万。

在这里也提醒几点：

❷ 切勿抄袭，而应思考别人的创造思路，结合自己独特的内容。

❷ 注意关键词和话题的选择，不要盲目蹭与自己无关或者毫无营养的热点。建议从用户的思维去倒推，了解你的目标用户普遍会搜的关键词是哪些。

2. 内容为王

分享的内容是关键，能长期持续输出高质量的内容，是个人品牌最难被替代的护城河。

你输出的形式是文章、视频还是语音？分享的内容是理性的知识和技能，还是感性的情绪和故事？这些都是表象，好内容背后的核心要素在我看来就是两点：有实用价值、有感染力。

我团队里有很多专业背景优秀的同事，有基金经理、上市公司投资经理，他们每写一篇理财文章或录一期视频都呕心沥血，干货满满，但是阅读量并不高。写了几篇之后就慢慢灰心，甚至觉得"怀才不遇，这一届观众不识货"，所以不再更新了。也有一些勤奋的同事努力日更，各种话题都尝试，但是日更一两百天之后，除了得到一些"你好努力、我真佩服"的夸赞外，没有新增粉丝。

方向比努力更重要，还记得前面写过的"快迭代"吗？如果传播的效果不好，你要做的不是灰心放弃或者闷头坚持，而是根据数据的反馈及时调整和复盘。在现代信息爆炸的社会，酒香也怕巷子深，我们需要让内容更有感染力，才能在百家争鸣的自媒体时代吸引更多人。

《疯传》这本书提到了6个原则，我非常认同，下面就自己的经验逐一拆解，使我们传播的内容更有感染力：

（1）社交货币：大部分人都很看重自己在别人眼中的形象，这就是社交货币。别人传播你的信息，对他的形象有什么好处吗？

在 2020 年 2 月，我在微博上看到我和家人 1 月底乘坐的游轮上有确诊病例，《人民日报》在公开寻找所有的乘客。因为很多人还不知道，所以我第一时间联系了卫生部门，全家在家自觉隔离，也马上发了微博。

我发的那一条微博，一夜之间阅读量突破 70 万，很多人自发地主动转发，寻找同船乘客。第二天游轮始发地的电视台联系我电话采访，我作为"自觉在家隔离并主动转发消息"的乘客上了社会新闻。

如果你尽自己的力量去做对社会、对他人有帮助的事，其他的人都会支持你、帮你传播，因为大家都希望成为有爱心、有责任感的人。

（2）诱因：激发公众的记忆和想象，看到一个词就能马上联想到我们，并且去谈论和宣传。

在我们夫妻的个人品牌"金融侠侣"中，这个激发大家联想的关键词就是"侠侣"。我们用这个词作为标签的初衷，是有朋友看到我们在内蒙古结婚时穿着蒙古族服饰的合照，开玩笑说："太有特点了！你们就是一对神雕侠侣呀！"

我们俩眼前一亮：我是有情有义的蒙古族"草原侠女"，家族是成吉思汗的直系后代。我先生是来自香港的"蒙古金刀驸马"，和金庸的小说很相似。所以"金融侠侣"这个关键词，成了我们个人品牌里有温度、有个性的标签，也让我们这对夫妻档牢牢地嵌入很多人的心中。

现在市面上百花齐放，也多了不少共同上阵的夫妻档，而我相信刻在读者心里的"金融侠侣"也许只有我们一对。

（3）情绪：有感染力的内容会激发人们的情绪，能够触动情绪的事物就会被大家谈论和分享。

在 2018 年，我写过一篇文章《我和老公度过的那段"至暗时刻"》，分享了我先生裸辞一年、创业失败遭受的人情冷暖、冷嘲热讽；以及我面对朋友婉转劝我"换个条件好、配得上你的男朋友"的社会压力下，不离不弃陪他走出困境的真实故事。我一边写一边流泪，最后我写了一段发自肺腑的话：

"很多新朋友和读者都知道我们是励志的正能量'金融侠侣'，却不知道我们在一起的那几年，有那么多的不容易。

"现在回头看，哪怕在最低的低谷，我都没想过'换个人'，也没放弃过相信未来会更好。我就是他的半边天，他也是我的半边天。谁暂时塌下来了，都有对方撑着呢，不怕。世界再乱再浮躁，再黑暗的人生隧道我们都能相扶走下去。始终把自己当回事，坚信只要走下去，前面总会有光。这是一定的，相信我。"

这篇文章打动了很多人。在两年半以后，我依然会在深夜收到读者在这篇文章下的留言，有读者说看到一半就哭了，因为我的往事正是她正在经历的事。也有做生意失败而负债的读者，看到我们雨过天晴，也相信自己能走出来。

亚里士多德说过："我们无法用智力去影响别人，而情感却能做到这一点。"不要怕分享你经历过的痛苦，因为你不知道你走出困境的经历，会鼓舞到多少正在黑暗中的人。

（4）公用性：对方购买了产品之后，别人看到会自然地联想到自己也适用。

分享成功案例和科普知识的时候，记得扩大适合的受众范围，一定要写出更广泛、有普适性和有共同点的内容。

一定不要曲高和寡，离大众太远。我们和团队虽然做过过亿的保单，也为很多家族企业提供过千万信托的咨询，但是我们并不会过多炫耀这些"高大上"的经历。我最喜欢分享的是普通人都用得到的知识和概念，以及几乎对所有人都有帮助的内容：一家三口应该如何理财？新手爸妈该给孩子买的第一份保险是什么类型？

（5）实在的使用价值：有实用性的内容，最容易被大家喜欢和传播。

2020 年我和先生在网上开设了财商课程，第一期我介绍了很多高深、复杂的金融知识和投资产品，觉得这样才符合我们俩的专家背景。然而我看到学员们越来越安静，互动也越来越少。课程结束后我收集了大家的反馈才得到教训：这些"高大上"的内容听上去很厉害，却距离普通人太遥远。

之后的连续三期课程，每一期我都收集学员反馈，改掉对大家没有直接帮助的内容。三期课程每一期的逐字稿都有 10 万字，每新开一期都至少重写 5 万字。这是很大的工程，但效果却是立竿见影的。

一个内容输出者要的不是"看上去很厉害"的虚荣，而是"对大家有帮助"的价值。

（6）讲故事

我们在解决问题的时候可以用理性和逻辑，但当我们面对有血有肉、有笑有泪的人，想要影响别人、激发情感、得到认同时，只有逻辑是不够的。我们需要故事，因为故事才能达到共情，建立人与人之间心的链接。

每个人都可以从讲述自己的人生经历开始。让人喜欢的故事绝不是单纯展示光鲜亮丽，有冲突、有挫折、有喜怒哀乐的故事才是好故事。付出真诚才能换来真诚，写出真实才会得到真实。

赵冰老师给我分享了几个讲人生故事的关键词：

- ❍ 起点低：不要怕分享最初的贫穷、无知、失败和迷茫；
- ❍ 过程苦：如何不放弃、克服困难、得到成长的细节；
- ❍ 结果好：你奋斗得到的小里程碑；
- ❍ 愿景大：未来人生的计划和理想。

我在微博分享已经 10 年了，经常收到网友的留言和私信，说谢谢我一路无私分享我的生活和工作，他们也跟着我一起成长，从我的经历中得到启发和鼓励。有人离开了不喜欢的工作，有人实现了出国留学的愿望，有人在失业或破产后找到重新再来的勇气和希望。

在网络上隔着千山万水，一个好故事都会呈现出生动立体的形象，仿佛是下班之后和朋友聊天。无形之中陌生的网友们就会了解你的过去，拉近彼此的距离。

3. 广告宣传

所谓广告宣传，就是如何更有效和更广泛地对外传播，吸引更多的人关注你、了解你、喜欢你。

在营销学里有一张生动的图是"客户影响力金字塔"，重要的并不是找很多的合作伙伴去社交媒体进行轰炸式宣传，更重要的是找到能够影响客户购买决策的影响者，最重要的是得到直接推荐、口口相传。

对于普通人，我们没有微商"裂变式传播"的一整套文案营销经验，也没有大公司的广告宣传预算，更不认识有影响力的专家或媒体，怎么才能让更多人知道自己呢？我分享三个小方法：

（1）冷启动扩散

用免费分享的价值，撬动信息扩散的杠杆。

冷启动指的是在产品初期，从目标用户转化为种子用户的过程。这个时候产品还不完善，还在内测或者上线期，需要先找到一小波产品的试用者或者粉丝，再通过这第一批的忠实粉丝，实现之后的持续增长。

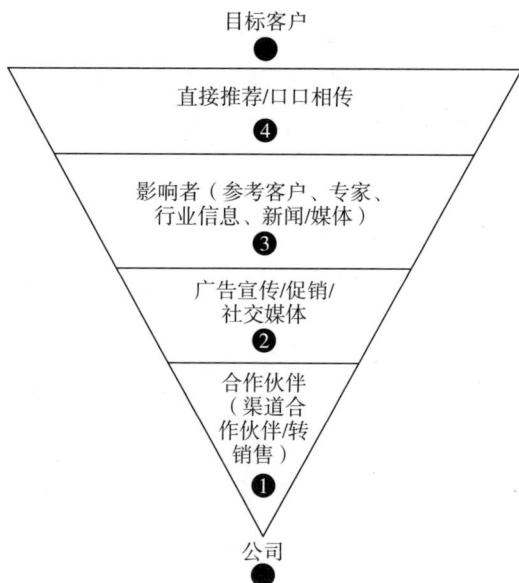

```
                    目标客户
                      ●
        ┌──────────────────────────────┐
        │        直接推荐/口口相传         │
        │              ❹               │
        ├──────────────────────────────┤
         │     影响者（参考客户、专家、      │
         │      行业信息、新闻/媒体）       │
         │            ❸              │
          ├────────────────────────┤
           │     广告宣传/促销/       │
           │      社交媒体           │
           │        ❷             │
            ├──────────────────┤
             │   合作伙伴          │
             │  （渠道合          │
             │  作伙伴/转          │
             │   销售）           │
             │     ❶            │
              └──────────────┘
                  公司
                   ●
```

2020 年疫情刚开始，我们夫妻俩一直抱着疫情很快就会好转的一线希望，当时我们订的 2 月出差的机票一直没有退。直到 2 月初政府通知封关，我们所有的线下活动和出差计划全部被无限期搁浅。必须绝境求生转型线上，这意味着我们要彻底从零开始。

短暂的焦虑之后，我们发现：我们确实很困难，但同时很多客户和朋友比我们更难。疫情发生后，很多朋友失业或收入大减。有位客户和我说，他担心没有钱交儿子的保险。其实那份保险钱并不多，但他是一位广告公司的创业者。疫情发生后，大公司预算被砍，纷纷取消合作计划，当时就少了 8000 多万元的收入，但他们有 100 多个人要养。他说管理层全部停薪 3 个月，不知道能不能挺过去。

那段时间里，我们一直在安慰客户，帮几十个客户申请了三个月的疫情宽限期，希望能有更多办法帮到他们。我们还能做什么？最后从这些客户的求助中，我们想到了一个破局的办法：从我们的专业知识出发，为大家做一次公益的理财直播讲座。

因为是公益讲座，所以不需要目的性很强的外部营销，我只做了很简单的几件事：

一是采访了几位疫情中经济受影响的朋友，选择了听众最关心、能实操的分享题目，反复修改了一万多字的逐字稿；

二是精心设计了一张带有直播间二维码的海报，配上我们夫妻的合照、个人专业资历介绍和讲座主题；

三是用心写了一段介绍语，配上海报一起，一对一私发给比较好的朋友请求帮忙转发。

下面这段介绍语是冷启动的关键，我的原话是这样的：

亲爱的 xx 你好！

最近的疫情让很多人不得不在家里度过，很多人对事业和财务的前景迷茫，来求助的朋友特别多，我们也希望能多做一些事帮助到大家。因此，我和先生一起设计了我们的第一堂公益直播讲座，帮助大家解决一些资金的困扰。

这个免费的视频讲座会定在 2 月 19 号周三晚上 8 点开始，海报也已制作完成如图。

　　我们花了很多时间准备和录制，希望你能够来听并能提出宝贵意见，更重要的是如果方便请帮个忙，把海报转发在朋友圈和一些微信群里。

　　我们想让更多人听到这节公益课，谢谢你！

　　这个请求，获得了 90% 左右的回复！我看到好多朋友帮我在朋友圈转发，配的文字热情洋溢："善良的孩子、家乡的骄傲、有社会责任感、干货满满一定要全家来听"等。还有人热心地发到公司群和校友群，最后有 6000 多人来报名看直播，当天晚上就吸引了近 300 人的精准人群来加我和先生的个人微信，效果出乎意料。

　　在我看来冷启动成功的关键就是"真诚利他"的价值。黑石集团创始人苏世民说过一句话：人们最感兴趣的话题永远是自己的问题，如果你能发现对方的问题所在，你能提供什么帮助并提出解决方案，那么他们一定愿意和你沟通，无论他们的等级和地位如何。

　　无论是讲座设计还是求助文案的内容，我和先生最关注的都不是自己受益，而是帮助他人。尽可能多地提供中肯的建议和免费的见解，你给予得越多，找你寻求建议的人就会越多，你对他们的价值和传播性就会越大。让别人看到你的真诚和利他之心，也会激发起他们的正义和爱心，他们会自然甚至自豪地为你转发、帮你宣传。

　　很多人不敢开口求助，也不敢分享。也有很多人把朋友当作流量，平时没有打招呼，突然间不断地发广告信息，对方只好删除或者屏蔽。这两个极端都不可取。

（2）不断沉淀信息和对外放大

引导听众输出感受，鼓励他们对外分享。

你是信息传播的源头，也是信息放大的助推器，像是激起一层层的波浪，让更多的人喜欢你、靠近你、知道你。在沉淀和放大影响力方面，给你几个实用的小建议：

❱ 你并不需要作为一个普通的参与者加入别人的俱乐部，可以自己建一个俱乐部，邀请你的朋友加入，再请他们邀请他们的朋友加入。俱乐部可以是读书会、茶话会、分享会等，邀请有相似爱好和价值观的人互相赋能。所以不止你自己分享，也要鼓励其他人分享他们的感受和从你这里得到的收获。

❱ 在线上的文章、讲座和课程中，设计一些金句、精美的图片，带上你自媒体的 logo 或名字，鼓励粉丝去传播。

❱ 在你逐渐积累了第一批客户案例、成功故事之后，要把这些精华和亮点总结起来，再重新发到你的自媒体上，不断强化你的个人品牌和可信度。

❱ 线上和线下要两手抓，线上沟通永远代替不了线下的亲密联系。你可以在线下举办小型见面会，邀请老朋友带新朋友来，给他们做讲座，也鼓励他们分享收获。

（3）背书 = 倍数

用权威和客户背书，来成倍加强你的可信度。

别人对你的看法要比你对自己的看法更有影响力，所以你的客户对你的赞扬，比你自己说出这些话更有影响力。另外，如果你还能够吸引一些有权威的专家来背书，那就更好了。

2020 年年初，我接到一个陌生电话，来自一位知名传媒企业家创办的知识付费平台主编。平台正在全网挑选理财领域的专业讲师，他们看到我在网上几年来输出的专业文章，来联络我为平台制作一套财务诊断课程。最后我与平台成功合作了理财课程《如何管钱最安全？》，在当年被收听数万次，成为平台播放量前三名的课程。

2020 年，我和先生从默默耕耘的普通人，成为两大知识付费平台的特邀财富讲师和深圳电视台财经频道的专访嘉宾。这些成绩背后，是宣传的几个核心点：

❷ 不断地多平台、多渠道、高频率输出和沉淀一致的信息，要发布和你的形象定位相符的内容，不要做影响和混淆定位的事情。我见过有人什么内容火就写什么，今年写情感，明年写炒股，这样对个人品牌和专业价值是极大的损耗。

❷ 打造一个你个人品牌的核心故事，重复分享你的真实经历和成长，不断强化人们对你的个性、理念和价值观的印象。

❷ 注意信息的质量，爱惜羽毛、坚持原创。我写作的这几年来遭遇很多次抄袭和剽窃，也曾气愤不甘，但最终决定你品牌长青的，不是一时的流量和热度，而是长时间、持续性的原创能力。

❷ 要争取在有影响力的平台发声、和权威的人合作。这绝对不是钱的问题，哪怕免费都应该做。要不断突破你目前的能力圈和影响圈，"破圈"能带来更多可能。所以，如果你有机会获得专业权威的背书或者主流媒体的采访，一定要珍惜。

❷ 要让别人能够找到你，一定要留下你个人最直接的联络

方式。在这个过程中找到你的支持者，真诚分享、勇敢求助。很多粉丝都成了我的客户或加入了团队，他们说："我一直在看你的文章和视频，非常熟悉你们夫妻，相信你们不会跑掉，一定会一直在行业里深耕的。"

在我看来，个人品牌 = 明星 + 专家，一个都不能少。当你成为明星时，有更多的人会关注你，成交流程会缩短，信任度也会增加。而专家会带给人们内在的价值。很多人觉得成为专家很难，但是我们永远都不需要等待别人的认可，每个人都可以成为自己领域的专家。

如果你在这个领域里有特长，你应该站出来勇敢地说："我是专家。"如果你自觉积累还不够，先把时间分配到以下的领域，创造专业的结果：

◉ 获得行业专业资格与奖项：我和先生不断进修和考试，这两年已经通过私人银行家、英国注册儿童财商导师等专业资格考试。2017 和 2018 年，我先生先后参加不同级别的专业竞赛，获得亚洲前 6 新晋保险顾问和香港最杰出财务策划师的荣誉。

◉ 深度阅读至少 10 本行业书籍：仅在 2020 年一年，我就阅读了几十本中外财富书籍，极大丰富了我财富课程内容的深度与广度。

◉ 积累和分享成功案例：我们夫妻第二期财富课程的招生文案中，收集并展示了十几位上期学员的感谢与反馈。有人在我们的指导下用基金收益赚回了学费，有人改变了长久的负债情况，有人开始用副业赚钱。

我一直希望为社会做一些正向的推动，也希望赋能更多普通人让他们在社会上拥有更多的力量，发出更大的声音。不知不觉中，坚持分享给我打开了一扇又一扇门，让我和越来越多优秀的人连接。这也是为什么我会不断地鼓励大家公开去分享学到的知识和内心感悟，因为：分享就是影响，分享就是成长。你永远不知道你无心播下的种子，在什么时候会长成参天大树。

8.3

破能力圈

很多读者最喜欢我的特质之一，是很爱折腾，追求自我实现，经常勇敢地"跳崖式"转换跑道。我回头一看，确实如此。

2006 年大学毕业后，我进了当时最好的职业选择之一：四大会计师事务所，做了一年多就确定这个职业路径不是我想要的。

2008 年，我咬牙中断考了一半的注册会计师资质，在身边没有一个人读过 MBA、无人可以请教的情况下，靠自己在网络上查找的信息资料成功申请美国 MBA，寻找更大的舞台。

2011 年我 MBA 毕业，转行进入投资银行，毫无经验的我做经理来指导比我能力强、经验多的分析员，我咬牙坚持了整整 5 年，升职到联席总监。

2016 年，我果断辞职，离开工作了近十年的金融服务业，和先生携手开始轻创业。靠自己的保险理财专业，从零开始积累近千位客户、组建起自己的团队，实现打工到创业的彻底转型。

2020 年，面对疫情给线下业务带来的灭顶之灾，我们夫妻第一时间放弃幻想、绝境求生。从对短视频和线上课程一无所知的"小白"，1 个月打磨出 10 万字财富课程、3 个月跃迁成为视频号头部财经博主。2020 年 11 月，我们捧回"科技财经 Top10 博主"的奖杯，圆满完成 5 期近 600 人次的知识付费训练营，推出了更高级别的实操理财课。

在 2020 年这终生难忘的一年，我们夫妻躬身入局、连续破圈，画出了专业人士到财富讲师再到知识付费创业者、自媒体意见领袖的三道绚烂彩虹。很多知识付费领域里的朋友都惊讶地说：你们夫妻在 2020 年做到的成绩，很多全职人士两三年也不一定能做到。你们怎么做到坚持工作之余，输出文章还拍短视频，不断拓展能力圈之外的新领域呢？

在这一节，我将毫无保留地告诉你：破能力圈的成功秘密。

1. 开局思维：必胜之心

2005 年春节，我在新东方北京住宿班学 GRE。因为报考时可选考试时间很少，我不得已把单考的一门作文报在了课程结束的 20 天后。而正常的准备时间是 2 个月，同宿舍的同学们都说，几百个模板题型，20 天绝对不够复习，都劝我重新报一次。

当时 19 岁很青涩的我也很害怕，但是突然有一股热血没来由地涌上大脑，我没经过思考就脱口而出："我快点学，一定能过。自己觉得来得及，就来得及。自己觉得来不及，再多时间也来不及。"这句豪言壮语折服了全屋室友，连我自己也感到很意外。后来我地狱式复习，顺利考到了不错的成绩。这是人生一个很小的插曲，但当时我心底冒出来的那句斩钉截铁的"我快点学，一定能过"，至今我都记得。

我最近收拾书架时翻到一本笔记本，里面是当年我决定加入香港保险理财行业时的事业计划和任务笔记。当时我和所有行外人一样两眼一抹黑，随口能找出一百个弱点和借口，但是我全本笔记力透纸背，字字背后都是一句清晰的话：我一定要把这件事做成。仅仅开公众号这一项，我就画了好几条时间轴和任务线：从开始收集行业优秀公众号，到读 200 篇保险科普文章，再到自己设计公众号定位框架、题材，每个步骤都全力以赴。

做成事的人和做不成事的人相比，最大的不同并不是能力，而是成事之人最开始抱的不是"不输"或者"求胜"之心，而是"必胜"之心。很多时候不仅谋事在人，成事也在人。外界固然有很多我们不能控制和改变的因素，但是要相信：我们能改变和进步的领域，比我们想象的多太多了。

2. 破局思维：专注聚焦

2020 年 2 月初，我看到消息说视频号受邀请开通了内测，就第一时间先后申请了两次，却都没有受到邀请。在 2020 年 3 月底的一天，我才发现一个手机的视频号已经开通，马上注册了

"香港金融侠侣"的视频号，起步比很多大 V 来说是晚了一些的。

我们当天晚上彻夜未眠，讨论确定了我们的定位和视频主题。第二天我从之前的 300 多篇专业文章中挑选主题，提炼了 25 条原创文案。而我先生之前连照片软件都没用过，从那时起从零开始自学视频剪辑。

第三天一早，我们就自己拍摄、剪辑，发出了第一条视频。

在第一个月，我们全力以赴，当其他人周更都很难坚持的时候，我们不仅日更，并且每日至少更新 3~4 条视频。

到 2020 年年底，8 个月我们更新了近 300 条原创视频。而和我们同时开始做视频号的同行，绝大多数人早已放弃，再不更新了。

我们夫妻没有过人的天赋和运气，靠一条百万、千万爆款的视频成功成名。在新领域从零到一的过程中，我们做到、你也可以复制的就是聚焦 + 专注：不断学习、思考、写作、拍摄，其他事情都不重要。不懂剪辑就去学、不懂录制就向专业朋友请教、不懂热点就每天看新闻、不懂设计就参考其他有创意的博主。

《最重要的事只有一件》一书中，有一个让我受益匪浅的办法：每当面临困难的时候，请你反复问自己一个关键问题："现在如果我只能做一件事，那么最重要的这件事是什么？""最重要"的定义是：当你做成了这件事后，其他的事情都变得更简单或者不必要了。你确定了这件事，就同时看清了大局的方向和行动的焦点。

很多人之所以越忙越茫，就是战术上勤奋把自己累到死，但是战略上完全茫然，左边一榔头右边一棒子，最后一无所成。我绝不比其他人更自律，我也是一个会懒惰、会迷茫的普通人。到目前为止，我取得的所有的成绩，都是在一段时间内，所有炮弹都集中火力往一处进攻的成果。

2008 年，我只是一个资质平平、月入三千的小白领，基本上除了吃睡和上班，所有业余时间全部扑在准备 MBA 申请的考试和论文上。关于职业目标那篇最重要的文章是我思考很久后，突然一天半夜 12 点灵感奔涌而出，一气呵成写到凌晨 5 点，之后再也没有修改过。那篇文章之后帮助我拿到了包括沃顿商学院和哥伦比亚大学商学院在内 4 个顶级商学院的 offer，还被留学机构当作经典范文，收录进了有关北美 MBA 申请的书里。

从那之后，我提炼出一个人生信条：把注意力集中在最重要的目标上，才可能获得好的结果，所以一定要学会给自己屏蔽干扰源。如果我们不能够专注于自己的生活，那就只能等别人来安排你的生活。面对的困难越多，越要把自己当作放大镜，把全部精力阶段性地投入到最重要的领域中。

为了目标，把自己的优势和能调动的资源发挥到极致，这背后是对目标的清醒聚焦：用尽自己有限的资源，去全力争取自己想要的结果。炮弹都往一个地方打，才可以在更短的时间内获得成功。

3. 空杯思维：合作借力

很多人之前的成功并不是因为能力强，而是赶上了时代上升的趋势，加上自己刚好在场的运气。当形势发生变化的时候，我们千万不要躲在自己的舒适区自以为是，而要谦虚开放，去学习和改变。

在 2020 年之前，我们尝试拍过一两次视频，得出的结论是我们不太适合这种形式。我安慰自己说拍视频很复杂，要有团队配合，做大了再说，所以依然坚守着文字分享的舒适区。但是时代已经策马奔腾，我们怎能不开始奔跑？我们把自己以前的所有固有观点都倒掉，带着完全一张白纸的空杯心态，把自己放得很低很低。从零开始去学习，去请教，去探索，去尝试。

我最深的感触是隔行如隔山，我自己做了十几年金融行业，在金融领域我有绝对的自信，但是我在短视频和知识付费领域确实是一张白纸。初入一个新领域，最重要的不是自己拼命努力，试图短时间学会所有的技能，而是靠近牛人、合作借力。

最宝贵的财富是"认知差"，最快的"扫盲"方法是找到更懂、更内行的老师来学习和请教。

在学习视频号和开发课程的前三个月里，我和先生四处求教，包括短视频导演、比我们起步早的前辈、有成熟课程体系的老师和顾问等，也报名购买课程学习。有时候我一天要约 3 个电话，一边提问一边记笔记，听完我和先生再讨论和执行。

做一个愿意付费、懂得感恩的人，尊重其他专业人士的时间和价值。

有一位视频号美化设计师帮我免费设计了视频号封面，作为回报，我专门制作了一条视频感谢和推荐他。这条视频发布后，给他带来了很多慕名而来的客户。在商业社会里，不可能一个人把所有事情都做好。把自己该做的做到极致，余下的和其他领域里最牛的人合作，借力双赢，才能事半功倍。

4．复盘思维：突破瓶颈

复盘比努力更重要，不要只想着埋头赶路，却不抬头看路。

在视频号初步冷启动积累了一批粉丝之后，我和先生的专业类视频内容让观众开始有审美疲劳，传播力也有所下降，这也是大部分垂直领域视频博主的苦恼。看着每天的粉丝增加量从几百降到几十甚至个位数，我越来越焦虑，更加努力地创作，却没有任何改善。

有两位朋友和我面临过一样的增长瓶颈，朋友 A 看到自己几条精心制作的视频都没有好的数据之后，觉得不值得再花时间，慢慢放弃更新了。朋友 B 非常勤奋执着，到现在依然在坚持日更专业内容，千篇一律的封面、背景和形象。大家谈起他的努力都很佩服，问起他的成长与成绩，依然如故，没有改善。

其实，暂时的停滞与瓶颈是宝贵的信息。不要像朋友 A 一样悲观放弃，也不要像朋友 B 陷入"战术勤奋、战略懒惰"的自我感动。而是要换位思考、尝试改变、寻找更合适的策略。

我注意到有一些情感和娱乐博主吸引的人群比较广，于是和先生收集了近期不同领域的热门视频，一起分析为什么这些视频会更受欢迎。为了更好地反思和进步，我先生主动联系了一些爆款视频的原作者，请求 20 分钟的电话沟通，请教他们的创作心得。

我们的请求大多数石沉大海，但也有几位热心的大 V 愿意和我们通话，其中就有单条视频播放量过亿的萧大业老师。几轮请教之后，我明白了爆款的共性：就是提供更高的情绪价值，让大家有共鸣，击中观众的心。

反思之后，我和先生在创作中尝试加入更多真实的情绪：有离开家去机场的车上，我挥别孩子、泪流满面的片段；我 16 岁高考结束，草原女孩第一次到大城市读书的成长照片；我和先生背井离乡一起奋斗的一幕幕，伴随着动人的背景音乐娓娓道来……这些创造性的新尝试，一次次让我们突破和成长。

复盘一下 2020 年，我和先生打破能力圈的 3 个心法：

❷ 向下扎根，向专业的人学习请教，在基本功上踏实努力；

❷ 向上生长，从分享具体知识和细节，到更高阶的财富思维；

❷ 向外扩张，从专业领域拓展到更广阔的人生感悟。

拓展能力的边界往往伴随着失败，但人们往往忽略了开始的力量。在进入新领域的很多时刻，我也曾不知所措、毫无方向地在深夜哭泣。2020 年，最鼓舞我的就是董明珠尝试直播的故事：她第一次直播只卖了 23 万元人民币，我记得网上冷嘲热讽一片。仅仅一个月，董明珠又做了 3 场直播，每一次都尝试新战略，第三次直播，销售额突破 65 亿元人民币。全球畅销书《世界是平的》作者弗里德曼认为，现在科技的发展速度已经超越了我们能适应的速度。未来的世界发展速度将是指数级的，无法适应和拥抱变化的人会非常快地被淘汰。

面对科技进步的挑战，应该保持新移民和艺术家的心态：像多年前刚到一片新大陆的新移民一样，乐观地学习新知识、面对新世界的挑战，永远保持危机感和乐观。同时像艺术家一样用创造力和感受力去工作，因为机器绝对无法替代的就是人的艺术感、创造力和温度。

　　我和先生依然在探索、突破和成长，我们不会被任何过去的标签与成就固定，因为新的人生旅途才刚刚开始。我也想和你说：生活是创造，而不是发现。我们每分每秒都在创造自己的现实。如果不喜欢现实，那就去改变，想出新的思维、说出新的话语、做出新的事情。最有力量的思维方式与行动准则就是不怕自我否定、推翻重来。把所有精力都用在塑造新的事物上，用无限的未来战胜有限的过去。

8.4

破人脉圈

　　你的朋友圈里有没有人脉极广的"社交花蝴蝶"呢？他们每天都盛装华服出入高大上的场合：西装革履的行业论坛，端着高脚杯的高档酒会，大咖云集的马拉松……这几年兴起的滑雪、禅修等，也少不了他们的身影。他们会分享与行业大佬和政商高层的合影，再配上一两句关系很亲近的话"又一次见到 xx 总""谢谢 x 部长的接见"。

　　任何行业都存在人脉，人人都会或主动或被动地使用到人脉，这也是当今社会的一门人生必修课程。这一节我也许会打破你关于人脉和贵人的固有认知。

1. 什么是真正的贵人

在我心里，贵人不一定是位高权重的名流巨贾，而是下面 5
类人：

- ❷ 提供实际资源和影响力来帮助你的支持者；
- ❷ 给你提供个人发展建议、指明方向的导师；
- ❷ 给你情感支持、生活帮助的真心朋友；
- ❷ 增添意义感和价值感的人，例如认可你工作的上司或客户；
- ❷ 教你新资讯和新技能的人。

在现实商业社会，支持者是世俗意义中大家更努力寻找、普
遍认为的贵人：在升职加薪时有人慧眼识人，在创业做生意时有
人给你提供资源、带你赚钱。在职业生涯中，我认为每个人都需
要有多位导师和支持者：导师关怀你的工作和成长，支持者向别
人推荐和提携你。我的职业导师缪子美是 1998 年毕业的沃顿校友，
我与她 2010 年在香港结识，到现在已经伴我成长整整 11 年了。
她高格局的建议和温暖的关怀让我一路走得更高、看得更远。

2. 6 个普通人打破人脉圈、寻找真贵人的心法

什么是有效的人脉呢？我认为人脉不是宽泛而肤浅的人际关
系，而是信任与合作构筑的深度链接：不同的人因为互相需要、
互相信任而聚在一起，实现双赢或者多赢。

真正的人脉不是收集名片，数自己认识了多少牛人，而是多
少人需要你、信任你。美好的人生，一切源于美好的邂逅。和很

棒的人邂逅，才能帮助你进一步提升自己。我和先生一路走来，在广阔的世界认识了更多不同的朋友，也遇到过很多帮助过我们的贵人。我逐一分享 6 个普通人打破人脉圈、寻找真贵人的心法：

（1）重视弱关系与休眠人脉

斯坦福大学教授 Mark Granovetter 发现，真正有用的并不是亲朋好友这种经常见面的"强联系"，而是你核心圈子以外、不太熟悉的"弱联系"。原因很简单，熟人圈子里每个人掌握的信息都高度一致，而与你不熟的人很可能掌握你完全不知道的信息和资源。

在沃顿商学院教授 Adam Grant 的 *Give and Take* 一书中，除了强联系和弱联系，还提到了一个很多人不知道的词：休眠人脉。休眠人脉就是有段时间没有联系，处在待激活状态的人脉。相对于纯粹的"弱关系"，从"休眠"关系获取信息更为自然，免去了牵强。休眠的关系可以像弱关系一样带来新异信息，但与此同时却不会让我们感到不适。对于挖掘休眠人脉，我们需要提前"播种"，而播种并不是为了交易，而是为了增添价值。

我有两个保持多年的小习惯，这两个小习惯帮我维持住了很多弱联系和休眠人脉，在创业初期，给予了我没有想到过的信任和帮助。

第一，每一两年我都会完整浏览一遍我的通讯录，列出一些平时联系不多的普通朋友，约他们出来喝一次咖啡，聊一聊近况。我认为线下见面一定比线上交流重要，在朋友圈点赞，不如在线下约一杯咖啡。

第二，如果有我认识的人来求助，只要不花费太多精力，我都会尽力帮忙。比如几年前，一位很久未见的小学同学 L 要在香港转机，微信问我交通和住宿的信息。我得知她第一次来香港，就热情地请她吃了粤菜、逛了知名景点，同学 L 非常感动。我创业之后，没想到同学 L 不仅自己来找我，还源源不断地从自己的多个圈子里推荐了十几个背景和地域跨度极大的客户给我：中学闺蜜、大学同学、前同事甚至论坛里一起打游戏的队友。

让我佩服的不仅是同学 L 的人脉之广，更让我惊讶的是她推荐来的每个朋友，都主动问她意见而且对她的建议无比信任。好几个 L 的朋友甚至说："我相信 L，她选择你当保险顾问，我也百分之百相信你！"可见人脉绝不仅在于人数多，更在于你与他们的深度关系和彼此信任。

如果你的联系人不够多，现在就应该开始积极行动、拓展联系、激活关系了。日产汽车执行长卡洛斯·高恩曾经说过无法数据化的目标，根本无法去执行。"我要积极参加交流会"这样泛泛的想法，无助于你发展有质量和有意义的人脉，我建议你尝试下面这样清楚明确的计划：

❷ 每周参与 3 次有新朋友的小型聚会，每月参加一次大型活动；

❷ 每次大型活动不要简单收集名片，至少和 5 个人真诚地聊天，再自然地交换联络方式；

❷ 每个月约 3 位很久未联系的朋友喝茶，关心他们的近况。

（2）寻找你的"超级引荐人"

你有没有去过一个陌生场合，因为没有存在感而被忽视，只能站在角落的孤独经历？或者你努力到处游走打招呼，却很少人理你的沮丧经历？

社会是由很多不同的圈子或者社群组成的，尤其是一些目的性比较强的商会等，总有朋友会觉得有点儿拜高踩低，因为自己不够好，所以没有存在感。有些时候这当然是事实，因为这也是人之常情无可厚非。但有些时候，这也有可能是你的错觉，你觉得在一个圈子里没有存在感或无法融入，有可能是你没有找到那个"超级引荐人"。

我也曾经在一个大咖云集的创业社群里，长达半年完全没有找到融入的机会。后来我去一个城市出差时，发现社群群主刚好在那个城市，于是就试着约他出来。惊喜的是群主非常热情友善，还带了好几位同城群友来。他们在一顿饭的时间里，给我介绍了社群的故事、大家的合作关系，最后还热情地介绍了好几位和我事业相关的群友给我。这个曾经冷冰冰的社群，忽然间变得亲切起来了。

一旦你和超级引荐人成为朋友，也许只需要几个人就可以认识一群人。想象一下，下一次你进到一个陌生的环境里，你希望一个一个去问候呢？还是邀请一位社交广泛、熟悉环境的热心人，来引荐你认识其他人呢？

当然最好的是你自己也努力成为一个超级引荐人，主动分享你的人脉给需要的人。

在我多年的观察中，超级引荐人一般有以下特征：

❷ 人脉广泛，熟悉社群里大部分的人，和社会不同圈子有交集。

❷ 地位重要，是社群组织者、资历很深的成员，或圈子里掌握信息和资源的专家。

❯ 乐于助人，善于发现别人的优点和需要，愿意做链接者和牵线搭桥的人。

❯ 号召力强，有人格魅力，喜欢组织活动，大家愿意相信和跟随他。

❯ 有主场意识，不管自己是不是主办方，都热情招待客人，希望来客宾至如归。

❯ 人品过硬，对所有人一视同仁，言谈举止正派，在圈子里令人信服。

你可以对照和参考以上特征，去找到他们，接近他们，最后成为他们。在日常生活与工作中，要常把自己作为一个网络的核心来考虑。"不要抱住自己的人脉不放，和更多的人分享，会带来新的人脉。把这两个人联系起来，一定会产生新的火花"，如果你多多播撒这样的种子，关系必然会发芽、开花。这个世界上最美好的事情，就是你拉着两个来自不同世界的人坐在一起，看着他们因为你而相识，碰撞出新的火花。

（3）欲取先予

现在社交手段太多也太方便，人和人的沟通成本大大降低了，你去参加一个社交会议都能轻轻松松拿回几十张名片或加一堆微信。但问题是沟通成本低了，信任成本却没有降低，甚至更高了。当我们能轻易缩短物理距离的时候，我们其实很难缩短心理距离，这是人际网络受限的最大原因。

也许你的微信里有几千个朋友，但是真正信任你、愿意帮助你的"真朋友"有多少呢？

如果你没有显赫的背景和资源，如何结交真正的朋友呢？无论在工作还是私交中，想要被他人重视的最好方法，便是让对方有所得。不断思考如何成为他人愿意见到的人，也就是说，他人在想到自己时，会觉得"见到这人就很高兴，更受益"。

其实很多人的人脉，包括我自己，都是从零开始建立的。只要记住两个词就足够了：真诚和给予。

❷ 真诚

怎么做到初次见面，就能自然展现真诚呢？在美国企业家基思·法拉奇的畅销书《别独自用餐》里提到了一个词"深度撞击"。

"深度撞击"是你和他人迅速接触的一种成就，能帮你和他们建立可靠联系，确保以后会继续交往。怎么做到呢？作者用美国前总统克林顿的例子来讲解：克林顿总统在人群中每见到一个人都会主动去握手，而且他常常用两只手去握对方的手，一瞬间给对方亲切的感觉，在整个交流过程中他都会看着对方的眼睛，询问一两个私人问题。参加同一活动的人都说，能感觉到克林顿当时是完全只注意他一个人。

这种交流是很有意义的，会表达出你在喜欢和关注对方，对方出于本能，也会给予同样的回报。人脉的建立不是拼命穿梭于各个地点去推销自己，而是让你认识的对象对你有好感，建立一段真诚互信的关系。大家在沟通时要多关注别人，问开放式的问题，鼓励对方多说，仔细听对方的回答，一定要保持眼神的交流，因为当你用心倾听的时候，你一定会和新认识的陌生人找到有共鸣的事物。

分享一个我自己的小心得：和每一位新认识的人用心沟通的过程中，我至少会找到 1~3 个我和他之间有共鸣的事物或身份的共同点，用来拉近距离。有一次我在活动上见到一个新朋友，自我介绍时就发现我们两个的孩子在同一年出生，于是亲密感马上有了，再继续沟通发现她和我有好几个共同朋友，在交流的过程中又发现我们都在上海工作过。短短半个小时，我们已经彼此信任，约着下一次单独出来喝咖啡了。

注意共同点越个人化、生活化越好，比如在同一个城市上学、喜欢同一个明星、有共同认识的朋友、孩子在同一年出生等。这些共同点有两个作用：一是避免了没有温度的聊天，鼓励双方都真诚分享更多个人信息，快速亲密、拉近距离、建立信任；二是下一次见面或线上沟通时，不需要重新破冰找话题，可以很快又自然地重拾话题、互相关心。

❯ 给予

俗语说得很好，人脉不是能帮你的人，是你能帮的人。你要先找到你对别人有用的地方，并考虑他们的需要，以及你怎么帮到他们。成功的关系，需要互惠对等的价值和感情。你不能只做一个索取者去利用别人，否则，你最终什么都得不到。

在生活中帮助他人很容易做到，但如何为比你更强的人提供价值呢？分享一个最简单的方法：你有没有特别喜欢的博主？你有没有为他们的知识付费过？为你所尊重的人付费，去接近他们、支持他们、推荐他们。

三年前我在微博上看到一位职场博主老王，他的很多观点我很认同，后来看到他提供个人咨询服务，就付费请他为我咨询了一次。聊完之后，我收获很大，就把他推荐给了身边有需要的朋友。2020 年他开设了一门自媒体课程，我也报名了。因为我推荐了好几位咨询者，给老王留下了很深的印象，他邀请我作为嘉宾在课程中分享我的自媒体经验。那次分享我收获了一批新粉丝，之后我自己办财富课程时，他们中不少人在第一时间报名，成为我的学员。

我从一个默默无闻的读者，到主动去付费和牛人链接，再通过推荐其他人给牛人提供价值，而形成了双赢的良性互动，无论事业还是财富，都有了更多的可能。

你有勇气去为你喜欢的人提供价值吗？现在就开始吧，你得到的会远远比你想象的更多。

（4）拓展多样化的圈子

如果你读过《北京折叠》这部科幻小说，就会意识到：我们每个人都是生活在很多平行世界中的一个。你可以当其他与你无关的人不存在，继续在自己的小世界里，和与自己相似相关的人度过一辈子。也可以选择从一个平面上跑来跑去的小蚂蚁抽离到更高的视角，打通无数个折叠的世界，把它们当作一面面反射的镜子，从别人的身上看到自己。

创业这些年来，我站在高处回头望，也许每个人的人生和事业道路中，都和我一样遇到过无数不同的人。

从体制内的公务员，到做生意年入过亿的网红；从造火箭、造飞机的工程师，到文艺圈、影视圈的艺术家；从家境贫穷、从小辍学的打工者，到拥有私人飞机、珠光宝气的二代企业家。

我仍然是我，我的地位毫无改变。不因认识权贵而高一分，也不因混迹江湖而低一分。奋斗这些年，最值得我骄傲的不是认识多少社会名流、出入多少高级场所，而是我正面影响了身边的很多人，改变了我自己和很多人的人生。此生成为链接世界的节点与桥梁，这就是我这只小蚂蚁不断成长和探索的意义。

社交圈的力量很大，其中一部分来自关系的多样性。只和相似的人来往，你把自己看到的小世界误以为是整个大世界。斯特科·佩奇所写的《多样性红利》一书，有两个结论：

（1）群体能力 = 平均个人能力 + 多样性

（2）多样性 > 能力

在一个群体中，不同的人会带来不同的认知和视角，市井故事会点亮创业思维，专业视角会打通认知盲点。背景越多样化，意料之外的惊喜和链接的可能性就越多。在 2009 年我离开上海去留学之前，我特意把我在上海所有的好朋友聚在一起，介绍大家互相认识。在我走之后，他们发展了友谊和合作关系，甚至还有两位原本的陌生人因为我相识、相知，成为夫妻，一位是我内蒙古的中学好友，另一位是我在大学认识的台湾朋友。

把不同世界的人连接在一起，是不是很有意义？所以在我看来，最佳的人脉拓展策略就是：

❥ 梳理你目前所有的圈子，看一下人群是否高度重合、不够多样化；

❥ 广泛：认识大量来自各行各业各地的人，搭建一个更广泛的人脉结构；

❥ 动态：持续和不同的人交流，吸收多种多样的资讯；

❥ 连接：自己成为中心和桥梁，弥补人际网中不同人的需要；

❥ 多赢：不把自己看成唯一的资源，鼓励人们相互联系，彼此帮助。

在互联网时代，参与线上社群是拓展人脉圈广度和深度的好方法，不过要学会筛选，不要被低价值、无意义的众多闲聊群消耗。约瑟夫·亨里奇在《人类成功统治地球的秘密》一书中的理论是，智商的决定性因素在于：一是你所处社群的人数；二是社群内信息交流的深度和信息传递的频率。

所以有益的交流方式是：

- ❯ 选择规模比较大的平台加入；
- ❯ 在平台上寻找频繁与深度交流的各种机会；
- ❯ 把它变成一种日常的习惯。

接地气的总结就是，参与庞大 + 互动紧密 + 高质量 + 多维的社群圈子，在这里，很多人所认为的校友和公司群却不一定满足标准，为什么？

很多校友或公司群更重视圈子的身份和地位，而排斥圈外的不同思维模式和信息，容易互相自我强化和固化，最终和现实严重脱节，但大家还不自知。

我和我先生开办财富课程形成的富友社群，目前已经满足了后 3 个条件，是一个互动紧密 + 高质量 + 多维的社群圈子，现在的人数近千，随着时间会变得越来越庞大。和我们一起成长的每一位朋友，都已经上了一条驶向星辰大海的船。

建立人脉关系更像一个织网的过程，我们努力将其编织起来，帮助他人找到他们的人生之路。在这个过程中，我们找到了意义、爱和内心的富足，编织出了无数优美、有意义的社会关系。

这才是人脉的真谛。

（5）展示潜力、做一个让人看得到未来的人

我20出头到美国读MBA的时候，两眼一抹黑，一问三不知，用现在的话就是"傻白甜"一个。没头苍蝇一样的我遇到了一位叫小南的二年级学姐，小南是学弟学妹心中的女神，长发飘飘，美丽自信，创下了一个暑假做了两家顶尖大公司实习的纪录。每次活动她身边都里三层外三层地围着好多希望得到指点的学弟学妹。

也许是呆萌的我正好和小南性格互补，我们成了好朋友，小南花了很多时间帮我改申请投行的简历和做模拟面试。基础薄弱的我非常珍惜学姐的指导，对投行一窍不通的我，硬是在宿舍挑灯夜战，半个月改了29版简历。费城的冬天彻骨的寒冷，很多个冬天的深夜，我抱着笔记本电脑，踏着雪从小南家出来。咯吱咯吱地踩着雪，缩着肩膀等出租车的那一刻，我总觉得我的未来就在夜空里，离我越来越近了。

后来我如愿以偿地拿到了投行的暑期实习，如果没有小南姐一路的帮助和指导，这几乎是不可能完成的任务。我问过小南姐为什么对我特别好，她笑着说："我在你身上，看到了当年的自己。我相信你能走得很远，做得很好。"

很多时候，贵人之所以会帮你，并不一定是因为你马上可以给他们好处和回报，而是因为在你身上看到了成长性和可能性。

有一位前辈说过："我只帮助从1到100的人，不帮从0到1的人。"我这些年也和不少求助的人聊过，这话是有道理的。有一些人勤快、行动力强，愿意学习和尝试，成功率也高很多。如果我特别需要学习某个课程或请教某个牛人，我会马上报名买机票，找最近的时间直接飞去拜访，绝对不会纠结思考"什么时候

这个课会在我住的城市开""我再考虑一下安排什么时间去"这种拖慢行动的问题。

同时，我也见过一些人只知道不停地求助和索取，行动力很弱。如果你是一个得过且过、安于现状的人，就算有贵人经过，你也看不到。就算运气好遇到了贵人，也会很快放跑他们。因为他们在你身上，看不到未来。

黑石集团创始人苏世民在大学时，就勇敢地给知名校友前州长写信请求建议，最后收到了回信邀请，得到了未来人生中最重要的建议，并且马上根据建议去华尔街求职，才有了之后事业的成功。当时他只是一名大学生，想到就尽力去做，对于习惯于阶层、层级和自我约束的人而言很难，但苏世民眼中不在乎的是被拒绝，他在意的是：总有人会给你意想不到的帮助。

我建议你找到你欣赏或者想要请教的人，比如资深的前辈、社群的意见领袖等，主动和他们建立个人联系或者征求建议："如果你在我的位置上，你会怎样做？"在这个过程中切记：真诚地寻求建议，就要不怕示弱。如果你想进入某个领域，就去寻找这个领域的前辈，并向他们请教。大家可以积极结识想自己发展领域的大咖，研读他们的书籍，汲取成功的知识，减少我们和大咖的信息差，可以使我们提升动力、快速突破。给你敬佩的人写信或打电话，请他们提供建议或与其会面的机会。

不要害怕自己见识有限而畏首畏尾，要积极地表达和请教。真正有见识的前辈不会因为我们稚嫩的见识而轻视我们，反而会因为我们表达的勇气和积极的态度而欣赏我们。

2020 年，我们遇到的一位知识付费领域的贵人水清亦有鱼老师，就是我在剽悍一只猫的社群里主动联系的。本来是打算请教几个课程设计的问题，但是老师和我细聊之后，觉得我虽然不懂这个领域，但是态度诚恳、做事认真，有一种"能成事"的精神。于是他从 2020 年 2 月开始指导我整整半年，倾力相授，分文不取。这位老师的时间非常宝贵，咨询费是几万元起步的，但他依然愿意帮我一把，因为任何人宝贵的时间和帮助，都希望给有潜力做出结果的人。

如何成为有潜力的人呢？我总结了一个潜力公式：

潜力 = 勤奋 + 乐观 + 才华 + 感恩 + 分享

勤奋、乐观和才华就不必多说了，能做出成绩的人多半都有这些特质。对于普通人来说，容易被忽视又很重要的"贵人体质"是感恩与分享。

❯ 感恩

别人对你的帮助，一定要及时感谢和报答。我分享一个让帮助你的人更开心的小细节：对于他人的好意和帮助，不要只简单地说谢谢，一定要将感受传达给他人。比如，收到别人送的书，就分享一小篇用心的读后感来表达感谢；吃到别人做的点心，多描述食物的味道和给你的感觉。

我们夫妻俩刚做视频号的时候，看到有哪些朋友点赞了，我们俩会一个一个去发私信感谢。有一次我先生在感谢一位朋友时，对方特别惊讶地问他，"你真的一个一个去感谢吗？"我先生说，是的，因为我们每一点成绩背后都是大家的支持，每一个赞对起步期的我们都无比重要。

这位朋友非常感动，把这段对话的微信截图发到朋友圈，还附上了我们视频号的名字，推荐身边朋友都关注。你感谢别人的时候，别人会很快乐，你自己也会很快乐，这是给予和分享的纯粹快乐，也是一个很自然传播正能量的方法。

❯ 分享

很多人并不认为自己有足够的财富或资源分享给别人，自己每个月还要吃力地支付这么多账单、为谋生赚钱而艰难跋涉，凭什么还要把钱捐给不认识的人？我想说：很多富人不是因为富裕才有分享的习惯，在他们生活很拮据时已经开始捐赠和做义工了。不是因为富裕才懂得分享，而是因为懂得分享才变得富裕。

在 2009 年，我只是一个没有任何背景、人脉和资金的年轻人，却一直都有开办希望小学和养老院的梦想，所以想加入公益或慈善组织。我问过不少有慈善基金背景的朋友，他们都说："现在你什么都不是，如果你加入慈善组织也只能做一个基层人员，帮助刷马桶。不是说刷马桶没有贡献，而是成功人士会更有财富和影响力，去做慈善贡献会更大呀！"于是我暂时封存了想做慈善事业的想法，进入现实的世界去了投资银行。

经过了十年的拼搏和奋斗，我依然没有强大的财力或者影响力。我还有资格去做慈善事业吗？一位朋友听了我的郁闷后说："你并不需要在很成功了以后才去做慈善事业，从现在开始，你就可以去影响身边的人呀！"那一句"从现在开始"忽然点醒了我，也许我没有能力去捐几百几千万做一个基金，但是我可以捐力所能及的钱，也可以付出我的时间和精力去帮助需要的人。

2019 年，我鼓起了很大的勇气，自己发起了几次力所能及的公益捐赠活动：我给家乡的小学捐过图书角；我们夫妻带全团队飞到内蒙古看望并捐赠了自闭症儿童福利院；帮助在香港回归那一天出生的新疆牧马少年"小香港"圆了到香港的梦想；在疫情期间，我虽然没有人脉和财力去全世界找救援物资，但我帮助一位企业家姐姐找到物流公司，免费把几千件海外运来的防护服运到了湖北。现在我也是香港慈善机构"知行教育基金会"的青年理事。

我依然是我，一个仍然在奋斗的普通人。但是感觉我自己从内到外都变了。那种面对别人悲剧的无力感，自己财力、人脉不足的自卑感，变成了我可以去创造一些事情、改变一些人命运的力量感。

《小狗钱钱》这本书里有一段话，我想送给读到这里的你："我们每个人都像硬币一样有正反两面，只有当我们把正反两面都注意到的时候，才会体验到真正的幸福。一面是外在，为了满足物质上的需要，并且生存在这个世界上，我们必须拥有赚钱的能力。而内在的一面就是良好的品格，我们必须要学会心存感恩和乐于助人。财富和品格都很重要，而幸福的人，一定是两者兼具。"

（6）筛选同频人

你最关注和在意的人，是那些信任和珍惜你的人，还是那些因为你外在的条件而决定用什么态度对待你的人呢？我在经历了多年的起伏和人情冷暖后，最深刻的体会是：金钱、事业、地位、荣誉都是身外之物，很多人会因为你拥有它们而接近你，也会因为你失去它们而离开你。

没有足够强大的内心，自尊会被撕成碎片。

在奋斗的过程中，没有人会一帆风顺，总会遭受身份的变化、事业的转折和人脉的消失。苏世民这段话给了我很大的力量：

"一旦取得成功，人们只会看到成功的光环。如果失败了，他们也只会看到失败的黯淡。却很少有人关注到那些可能彻底改变人生轨迹的转折点。可正是在这些转折点上，让我们学到了事业和人生中最重要的经验和教训。"

苏世民的《我的经验和教训》和迪斯尼 CEO 罗伯特·艾格的自传《一生的旅程》中，分别提到他们在职业的转折期，曾经被非常重要的同行同事、事业伙伴慢待。当苏世民辞职离开雷曼兄弟的光环，从零开始创立黑石集团的时候，之前的人脉全部消失了，甚至飞到对方办公室门口，发现人家早就下班了，只能在大雨中离开。苏世民说："就在不久之前，我们俩还可以打电话给美国商界和世界各国政府的任何人，他们也会很乐意接我们的电话。我们从来没有想过创业会很轻松，但也从来没有想过会在周五晚上的机场，浑身湿透，付出巨大努力，却没有换来一分钱。"

而艾格在迪士尼遭遇领导层更替期间，被董事会内部的关键人物反复质疑，甚至遭受在董事会的关键会议上被践踏尊严的难堪。他当时的压力和痛苦大到在开车回家的路上，心脏几乎骤停。

这个世界上有很多人，只有当你和他们在同一个圈子、同一个平台上的时候，他才会看到你，觉得你值得被平等对待。如果你在他认为比他低的社交圈层，对他不再"有用"，你在他的眼中就已经不再存在，而是透明人了。

我们对自己的人生负有义务，要去筛选允许谁和我们深度交流，而隔离那些消耗我们或给予负能量的人。最应该远离的就是，因为你的外在标签而决定对你的态度、当你没有价值时负面评价和打压你、对你没有任何建设性建议的人。无论这样的人多富有、多优秀，都不必去努力迎合，而要及时识别、快速远离。

我读过《边界意识》这本书，我最大的收获是：在社会里，我们身边不止有人，还有狼。什么是狼？在狼的世界里是分等级的，只有排序地位高的才配得到尊重，排序低的是没有尊重可言的。狼特别热衷于使用排序的标准，比如看谁的钱多、头衔大、学历高、社会地位高。他们会对地位高的人给予尊重，却对地位低的人很没有礼貌。

因此，我们一定要分辨出自己身边到底谁是人，谁是狼。不要被狼去定义、批判和控制，牢牢把握自己的内在权威。我们也不要和很多精致的利己主义者一样，潜意识地淡化和屏蔽"社会排序低"或"和我无关、对我无用"的人。

我从不怕分享我事业低谷和自尊被践踏的经历，这也鼓舞了很多的读者。到现在他们都会在深夜发来信息，说我给了他们继续前进的希望和力量。尤其是2020年，很多朋友生意失败甚至负债时会给我留言，说重新看我的文章，相信自己能走出来。

别人都把你当回事儿的时候，别把自己太当回事儿。别人都把你踩在脚下的时候，一定要把自己当回事儿。因为我们自己的人生并不是发生在我们身上的，而是我们用自己的双手去创造出来的。我们的人生也不是由别人评价和定义的，而是我们自己一天一天活出来的。

我们要去找到那些无论你际遇如何，都依然喜欢和信任你、愿意伸出援手的同频人。我不能够决定别人怎么看待我和我所做的行业，但是我能够决定的是：把我的注意力和精力都给予那些无论我做什么都信任我这个人、信任我专业和贡献的朋友们。

　　本杰明·富兰克林在自传中写道，帮助过你的人，比起那些你帮助过的人更愿意继续帮你。而我们要做的就是去找到在茫茫人海中和自己同频的朋友。如果你认为一个人的本质是好的，无论他现在的地位和资源是高是低，都要随时为这个人提供帮助。任何人都可能陷入低谷，而在别人需要的时候，一点小小的善意就可能是雪中送炭，改变他人的人生。

　　我有一个专门加网友的微信号，平时不看，有一天偶然看到一个可爱的陌生女孩发了几张在美国的生活照，让我眼前一亮。我随手评论了一句："漂亮"。都是陌生网友，也没想着对方会有回应。没想到我马上收到了回复："感谢娜娜姐，要不是一直关注您的故事，我坚持不到 MBA 这一步。"原来这个陌生女孩子，曾经从我这里汲取过继续向前的力量。那一刻，我无比惊喜和欣慰。

　　很多人说自己运气不够好，从未遇到过贵人，因此不能摆脱现状。我不同意。每个人都在影响着别人，也被别人影响着，你身边的任何一个人都可能是你的贵人。我一直都觉得，对那些一路发光发热的人来说，也许"遇到贵人"根本就不是他们的目的，相反，"成为贵人"才是他们努力的方向。

　　回望我走来的路，我遇到过很多贵人。他们也许只和我的人生有过短暂的交集，但他们的建议、帮助、微笑和鼓励，就像一道道闪电，让我不断燃烧和重生。而我自己，在不经意之间，也成为过很多人的闪电，帮助和启发他们成长。寻找你的闪电，然后成为别人的闪电。一次次碰撞闪耀出的火花，必将永恒地照亮我们的心灵和人生。

写在最后

在 1999 年我爸爸下岗的时候，我们全家亲历了经济支柱倒塌的困难与变故。我爸爸从此背上行囊背井离乡，在异国为家人打拼了 20 余年。当时无数次听到刘欢唱的《从头再来》，歌词刻到了我心里：

昨天所有的荣誉，已变成遥远的回忆。

辛辛苦苦已度过半生，今夜重又走进风雨。

我不能随波浮沉，为了我挚爱的亲人。

再苦再难也要坚强，只为那些期待眼神。

心若在梦就在，天地之间还有真爱。

看成败人生豪迈，只不过是从头再来！

你有没有想过，能从头再来也是一种奢侈的幸运和能力。有很多人也许和我们夫妻一样幸运，在面对挫折与变故时，还能够从头再来、东山再起。但是，在时代的变化中更多的人默默地被车轮碾过，再也没有重新开始的机会。我和我先生都有辛苦奋斗一生的家人们，他们从未放弃，但就是无奈地一点点被淘汰、被出局，奋斗到暮年也只能与现实和解，没能为自己守住事业、给家人留下财富。

曾经有个刷屏的新闻，是失业的收费站人员哭诉："我 36 岁了，除了收费什么都不会，也学不会别的了。"谁也无法预测未来世界会发生什么，我们可以现在嘲笑这些收费站员工是温水里的青蛙，但谁能保证我们自己的岗位、自己所在的行业就永远安全和稳定呢？

《了不起的盖茨比》里这句话一直提醒着我："每逢你想要批评任何人的时候，请你记住，这个世界上所有的人，并不是个个都有过你拥有的那些优越条件。"很多人不是懒，不是不勤奋，只是不知道该如何改变与成长，只能不断地在同一条曲线上拼命奋斗，直到再也没有从头再来的机会。

我们夫妻是一对永不放弃的普通人，一起熬过无数的至暗时刻。经历过经济危机和失业裁员的绝望、社会地位的断崖式下跌、投资失败濒临破产的焦虑与恐惧，以及职业的转型归零再出发。一时的高光时刻、漫长默默耕耘的日常和跌入低谷的至暗时刻，共同定义了我们到目前最真实的人生。我们真心希望更多家庭不会因为突发的变故陷入困难，他们的孩子不会像我先生自己的经历一样，从幸福充裕的生活环境掉下悬崖、陷入低谷。

人生没有地图，只有灯塔。我和我先生写这本书的初心，就是希望点起一座灯塔，照亮千万个家庭。愿你无惧人世变幻、风雨变化，永远拥有从头再来的勇气和力量。愿你和我一样，一步步在这个不确定的世界里，拥有确定的美妙人生。